Eine neue Welt entdecken

Gedanken von H.

Copyright by Henri Faas
8280 Kreuzlingen CH
Herstellung und Verlag:
BoD - Books on Demand, Norderstedt
ISBN 978-3-7347-6841-5

Vorwort

Was ist meine Welt und wie ist sie zu verstehen?
In einer Zeit, wie wir sie jetzt erleben, stellen wir uns viele Fragen. Die ganze Welt ist mehr oder weniger in Aufruhr und sucht nach Lösungen für die vielen Probleme die anstehen. Die Weltwirtschaft kollabiert, die Religionen haben ihren Anstand und Grundaufgaben, die Liebe zu verbreiten, total verloren, der Egoismus wird täglich grösser, die Aggressionen nehmen jeden Tag mehr zu. Aufgebrauchte Politiker ermorden ihre eigenen Leute ohne darauf zu achten, dass sie am Ast sägen auf dem sie selber sitzen und sind dabei noch stolz auf ihren Taten.
Niemand weiss eigentlich genau in welche Richtung die Welt sich dreht. Sogar die Wissenschaft hat entdeckt, dass die Sonne 11'000 km/h weniger schnell durch's Universum rauscht als bis jetzt angenommen wurde, was allerdings keine grösseren Auswirkungen zu haben scheint.
Was kann aber der einzelne Mensch unternehmen? Hat er eine minimale Chance um eine Veränderung zu bewirken? Mir kommt da immer wieder der Spruch in den Sinn, dass ein einzelner Flügelschlag eines Schmetterlings an einem weit entfernten Ort einen Orkan auslösen kann. Das hat mit Wellen zu tun die sich ausbreiten. Veränderungen haben immer erst klein angefangen, nur vergisst der Mensch meistens zu was er eigentlich fähig ist. Meine Gedanken sollen helfen einen Weg zu finden mit dem wir vieles auf einfache Art und Weise erreichen können, vor-

ausgesetzt der Wille dazu ist vorhanden. Begleiten Sie mich ein wenig und probieren Sie mit zu denken. Damit sind wir schon Einige, die in die gleiche Richtung gehen wollen. Glauben und Vertrauen sind die wichtigsten Eigenschaften in dieser Zeit. Meine Gedanken möchten es ermöglichen, dass Sie ein wenig von meiner Welt verstehen, so wie ich sie erlebe.

Wie ist diese Schrift zu lesen?
Diese Schrift ist kein Gesetz, ich möchte nur einige Denkanstösse vermitteln, die vielleicht in eine andere Richtung weisen. Sie brauchen auch nicht damit einverstanden zu sein, es geht nicht um Recht haben und Guru spielen, sondern nur andere Denkanstösse auf zu zeigen in der Hoffnung, dass damit auch andere Richtungen gesehen werden können.

Was ist die Absicht davon?
Damit wir uns recht verstehen, dies soll keine Belehrung sein die zu befolgen ist. Jeder Mensch hat seine Welt und sieht vieles anders. Das ist gut so und muss so bleiben, wir sammeln damit unendlich viele Erfahrungen. Lesen Sie einfach diese Gedanken und nehmen Sie das heraus was Sie brauchen können oder Ihnen weiter hilft. Vielleicht helfen wir uns damit gegenseitig vieles anders zu verstehen und einander besser zu begreifen. Vielleicht vereinen sich einige Gedanken und bringen uns weiter auf unserem Weg.

H.

Wer oder was bestimmt unseren Weg?

Gibt es da etwas, das unser Schicksal bestimmt? Werden wir bestraft für Sünden, oder gesegnet wenn wir Gutes tun? Werden wir beurteilt oder verurteilt? Steckt uns jemand in die Hölle, oder nimmt uns jemand auf in seinen Himmel? Entweder zähneknirschen im Feuer, oder frohlocken mit der Harfe auf einem Wölkchen? Ist es wirklich richtig, wenn wir nur so Schwarz/Weiss denken und uns dabei (fehl)leiten und (ent)führen lassen?

Wieso bekamen wir einen freien Willen, wenn alles schon vorgeschrieben ist? Dieser freie Willen nützt uns in dem Fall gar nichts, wir müssen ja den vorgeschriebenen Weg gehen, ob wir wollen oder nicht, ich kann nur schneller oder langsamer gehen, aber eine rechte Wahl ist dies ja nicht, wenn sowieso alles nach Programm abläuft. Macht so eine Schöpfung Sinn? Weshalb muss ich meine Selbständigkeit aufgeben um in einen Himmel zu kommen?» Es kommt mir so vor, wie wenn wir alle in einem Zug sitzen, der nach einer bestimmten Destination fährt, aber der kann nicht mehr bremsen und fährt unbeirrt weiter, immer schneller. Die Waggons haben alle fünf Meter eine Notbremse links und rechts, aber leider sind sie alle plombiert und die Fahrgäste können sie nicht erreichen und nutzen und so fahren wir mit unverminderter Geschwindigkeit unserem Ziel entgegen, das wir zwar erreichen, aber nicht in dem Zustand, wie wir es uns vorgestellt hatten. Ist es da wichtig, ob noch ein Lokführer im Führerstand sitzt? Wir fahren ins Verderben, trotz allen Versprechungen. Und was nützt es, wenn wir ein Ziel erreichen, wovon wir nachher nichts mehr haben, weil wir gar nicht mehr in der Lage sind unser Ziel wunschgemäss zu nutzen und vielleicht nicht einmal mehr wissen warum wir gerade da angekommen sind? Und wer hilft uns dann wirklich? Es riecht förmlich nach Eigenverantwortung.

Vielleicht sollten wir unsere Vorstellungen hinterfragen? Woher kommen diese Vorstellungen? Wer hat sie uns eingetrichtert, oder machen wir das selber? Sehen wir alle eigentlich das Gleiche? Wenn nicht, dann sehen wir alle eine andere Welt und wenn das stimmt, haben wir ebensoviele Welten wie Bewohner dieser Erde. Dabei spreche ich nur von der Erde, wer garantiert mir, dass es nicht noch mehr Wesen im Universum gibt von deren Existenz wir noch keine Ahnung haben? Erst kürzlich hat die (empirische) Wissenschaft entdeckt, dass es in unserem Universum 17 Milliarden Planeten gibt wie die Erde. Allgemein können wir ruhig annehmen, dass es soviele Welten gibt wie es Lebewesen im Universum hat, trotz den Aussagen von Einstein der sagte: «Die Menschen sind eine Krankheit der Erde, gesunde Planeten haben keine». Auf den ersten Blick ist das verwirrend, aber schauen wir doch einmal zurück in unsere Vergangenheit. Wie oft trafen wir Menschen die behaupteten nur das Beste für uns zu wollen, obwohl sie uns nur etwas aufzwingen wollten womit wir gar nicht einverstanden waren, weil wir eine ganz andere Vorstellung von der gleichen Welt hatten?

Ist es nicht eine Anmassung anderen sagen zu wollen, was das Beste für sie ist? Woher wissen wir das so genau? Wollen wir nicht einfach unsere eigene Welt auf andere projizieren und sie dazu verpflichten unsere Welt zu leben, die vielleicht gar nicht das Beste für sie ist, aber für uns selber bequemer? Ist das nicht das Prinzip politischer Parteien, die alle ihre eigene Einheitskost auf alle Menschen projizieren wollen, meistens nur aus Faulheit oder Machtstreben? Versündigen wir uns denn nicht mit unserer Einmischung in die Welt des anderen? Vielleicht braucht der andere seine Erfahrungen um an sein Ziel zu gelangen und nicht meine. Hat er überhaupt das gleiche Ziel, oder hat er andere Prioritäten und Vorstellungen? Gibt es eigentlich auf der Welt einen Menschen, der das Recht hat mir vor zu schreiben wie ich zu leben habe? Wir sagen da meistens, dass wir ohne Ordnung nicht leben können, das heisst, wir müssen uns immer von jemand etwas vorschreiben lassen? Und welche Ordnung ist da gemeint? Jeder Mensch sieht Ordnung anders. Aber haben wir wirklich eine so schlechte eigene Ordnung wie andere meinen? Nach meiner Meinung sind wir alle auf einem Irrweg gelandet, aber eben, das ist nur meine Meinung für meine Welt.

Woher kommt meine Welt eigentlich? Meine Welt entstand aus Informationen von den Eltern, Erzieher, Lehrer, Religionen und Erfahrungen, durch Zwang und Zureden, durch Manipulationen und Unterdrückungen und durch meine Vorstellung von Liebe und meine Gedanken und Wünsche als Kind und als Erwachsener. Jeder Mensch hat seine eigene Vorstellung von Liebe, sonst würden wir uns gegenseitig ganz anders behandeln und gäbe es nicht soviele Scheidungen und Ehrenmorde auf dieser Welt. Alle diese Erfahrungen werden ausgelebt und eventuell korrigiert, oder wir verharren in Starrheit und leben so wie wir es eingetrichtert bekommen haben. Was ist denn Realität? Was will ich im Leben eigentlich erreichen?

Wenn ich so dahin denke frage ich mich, ob das was ich wahrnehme Realität ist oder nur Illusion. Logisch, bei schlechten Erfahrungen sind wir schnell bereit an Illusionen zu glauben, weil wir hier verschiedene unangenehme Tatsachen ignorieren können in der Hoffnung, dass andere diese Probleme für uns lösen. Meistens funktioniert dies jedoch nicht und wenn ich mich auf so ein Spiel einlasse, verkaufe ich meistens meine Seele, denn die Person die mir so grossartig helfen möchte meint es in Wahrheit oft gar nicht so wie ich es in meiner Welt vorstelle und dann will der eine Gegenleistung in der Form, dass ich alles für ihn mache, ihm blind vertraue und meine eigenen Vorstellungen und Wünsche vergesse und endgültig aufgebe.

Es kann durchaus sein, dass jemand findet, dass ich zu negativ denke, aber da muss ich eine Korrektur anbringen. Ich denke nicht negativ, sondern ich frage mich lediglich ob alles stimmt was ich mir vorstelle und das sollte doch erlaubt sein. Aber vielen Menschen passen solche Vorstellungen nicht. Das hat etwas mit Macht zu tun. Will ich einen Menschen besitzen, muss er machen was ich will und mir immer zur Verfügung stehen und nach Möglichkeit ja nicht selber denken. Und wieviele sagen da «träum nur weiter?», also scheint diese Vorstellung eine Illusion zu sein. Weshalb läuft dies alles denn immer wieder so ab? Ist es denn keine Illusion? Ist es eben nicht das Gleiche, wenn zwei dasselbe tun? Dann stimmt es doch, dass im Leben vieles einfach eine Illusion ist, denn sonst könnten wir nicht verschiedene Vorstellungen haben vom Gleichen, oder wir sehen das Gleiche aus einem anderen Blickwinkel.

Wenn ich rot sehe und ein anderer sieht rot, sehen wir zwar beide rot, aber welches Rot? Wie intensiv ist es? Hat es viele Gelbanteile, oder mehr blaue? Sehe ich die Farbe scharf oder bin ich farbenblind? Die Farbtemperatur kann gemessen werden in Kelvingraden, aber wie reagiert mein Auge bei dieser Farbtemperatur? Wie gut sehe ich überhaupt? Wie konzentriert sehe ich die Farben? Wie hell ist der Raum wo ich mich befinde? Und sehe ich nicht eigentlich die Farbe, die im Spektrum meines Bildes fehlt? Sehe ich dieses Rot nur, weil es in Wirklichkeit da wo ich hinsehe gar nicht vorhanden ist?

Ist es nicht spannend zu entdecken, dass alles was ich wahrnehme eine Illusion oder eine Verzerrung sein kann? Bin ich eigentlich wirklich da, oder bin ich nur hier als Ansammlung von Photonen, die diese Form für mich annehmen, weil meine Eltern eben ein solches Kind wünschten, oder nicht wünschten und sich selber damit bestraften?

Stehen wir bei der Beobachtung des Lebens alle an der gleichen Stelle? Ich glaube kaum. Das heisst aber, jeder Mensch sieht zwar dasselbe, aber aus einem anderen Blickwinkel. Wenn ich vor jemand stehe und ihn beobachte sehe ich ihn vielleicht etwas mollig. Ein anderer der etwas weiter neben mir steht sieht aber nicht das gleiche Bild von diesem Menschen. Er kann unter Umständen finden, dass diese Person nicht mollig, sondern gut gebaut aussieht. Wenn wir unsere Welt alle aus verschiedenen Spiegeln betrachten sehen wir alle andere Bilder. Alle diese Spiegel zeigen schon das Richtige, das Original, aber der Winkel ist anders, das Bild ist verzerrt und Zerrbilder sind immer ein kommunikatives Problem. Sobald ich einige Schritte mache, sehe ich dasselbe Bild aber wieder anders. Welches Bild ist jetzt richtig? Ich nehme an beide Bilder sind richtig, aber aus einer anderen Perspektive. Und dann kommen noch die verschiedenen Lichtverhältnisse dazu. Der eine sieht im Hintergrund den Sonnenuntergang, der andere steht im Schatten und hat Mühe überhaupt etwas wahr zu nehmen. Vielleicht sieht er einfach alles zu düster, aber ist dieses Bild deshalb falscher oder richtiger als alle die andere Blickwinkel? Brauchen wir nicht mehr Toleranz?

Da findet der eine den Ort wo er steht sehr schön und gemütlich, ein anderer der vielleicht fast auf einer viel befahrene Landstrasse steht und den gleichen Ort anschaut empfindet die Gegend als ziemlich öde und gefährlich, dabei noch viel zu laut. Und das alles nur, weil er sich vom Ort weg bewegt hat. Wenn ich die Erde aus der Vogelperspektive sehe ist sie grün und mit Wasser und Strassen durchzogen. Ein Astronaut sieht aber einen blauen Planeten. Wie geht das obwohl es derselbe Planet ist? Und von oben ist alles so winzig klein und wenn ich auf der Erde stehe und von Zürich nach Stuttgart marschieren muss finde ich die Erde schon fast unmenschlich gross. Stehen Sie mal mitten in der Sahara und brauchen

Wasser, das aber mehr als zweihundert Kilometer von Ihnen entfernt ist. Ist die Sahara da nicht brutal gross und lebensfeindlich, obwohl es Beduinen gibt, die ihr ganzes Leben darin verbringen und gar nicht von dort fort wollen? Ist die Sahara feindlich oder meinen wir das nur, weil wir sie zu wenig kennen und nicht wissen wie wir uns darin verhalten sollen?

Wer oder was bestimmt jetzt aber unseren Weg und welchen, aus welcher Perspektive? Mensch du hast einen freien Willen bekommen und du kannst alles so sehen wie es dir am bequemsten ist oder dich ein wenig bewegen und herumlaufen und verschiedene Perspektiven ansehen. Und plötzlich kommst du zu der Erkenntnis, dass wir viele Möglichkeiten zur Wahl haben, obwohl es immer das Gleiche ist. In diesem Fall kann nur ich den Weg bestimmen den ich gehen möchte. Der Weg ist das Ziel heisst es, aber das ist blanker Unsinn. Wenn der Weg das Ziel ist, warum renne ich dann herum wie ein Irrer? Ich bin ja am Ziel, oder täusche ich mich da? Ich verändere nur meinen Blickwinkel, deshalb bewege ich mich. Ich möchte mein Ziel erkennen und zwar aus sämtlichen Perspektiven die es für mich gibt. Das ist zwar sehr hoch gegriffen, aber warum nicht mal einen Anfang machen?

Esoterik oder was?

Ist dies alles «nur» Esoterik, oder was? Warum stopfen wir alles in vorgefertigte Töpfe von denen wir öfters nicht mal eine Ahnung haben was sie für uns beinhalten? Sind wir so mit Vorurteilen behaftet, dass ein etwas entspannteres Denken für uns nicht möglich ist? Ist das nicht genau die Energie die Extremisten züchtet, die dann aus Unkenntnis einfach nur auf einen einzigen Punkt fixiert sind und alles andere vernichten wollen, weil es nicht in ihre Vorstellung passt? Ich glaube, dass unsere Gesellschaft noch einiges dazu lernen muss um begreifen zu können welch enormes Potential sie eigentlich bekommen hat.Um das zu begreifen reicht wahrscheinlich ein Leben meistens nicht aus, deshalb hat man die Reinkarnation erfunden. So habe ich unendlich mehr Zeit und kann alle Blickwinkel ausprobieren, mich freuen und ärgern, anderen auf den Wecker gehen, oder jemanden von ganzem Herzen lieben. So machen wir viele Erfahrungen die im Energiefeld in dem wir existieren und ein Teil davon sind gespeichert werden, und ich kann alles auch noch erleben und ausprobieren.

Wenn es soviele Spiegel wie Menschen gibt, wird die Sache doch recht komplex. Wenn wir so dahindenken, haben wir schon unendlich viele Möglichkeiten um unserem Leben Sinn und Inhalt zu geben. Es bleibt aber nach wie vor die Frage: «Für wen machen wir dies alles?» Wenn wir etwas verändern oder nach unsere Vorstellung korrigieren nützt das dann nur mir, oder auch unseren Mitmenschen? Gibt es viele die ähnlich denken mit ähnlichen Vorstellungen? Werden die auch die Veränderung erleben? Nach meiner Vorstellung aus meiner Welt, ja, aber eben das ist meine Vorstellung. Jeder darf anders denken und andere Erfahrungen machen. Vielleicht helfen wir vielen Menschen mit unseren Erfahrungen.

Vielleicht können wir mit unserem Denken gemeinsam sogar Krankheiten von der Erde verbannen, weil sie so bei uns keinen Sinn mehr machen. Man sagt ja, dass es eigentlich nur eine kritische Masse braucht um so etwas zu erreichen. Wenn viele dasselbe denken verändert sich etwas in unserem Blickfeld oder in unserer Umwelt. Das wäre ja ein Wunder, oder?

Was wäre, wenn wir alles viel entspannter und entkrampfter angehen würden, oder wenn unser Schöpfer uns ein Paradies zur Verfügung gestellt hat um glücklich und in Freude Leben zu können? Wie wäre es, wenn wir lockerer mit einander umgehen und alles nicht so wahsinnig ernst nehmen würden? Es soll Leute geben, die in ihrer Welt damit sehr schöne Erfahrungen gemacht haben. Ist die Welt und das Zusammenleben nur so kompliziert, weil wir immer etwas das bereits fertig entwickelt ist nur nach unseren privaten Vorstellungen ändern wollen ohne darüber nach zu denken ob dies für die Gesamtentwicklung der Menschen gut ist? Ist das der Urgrund aus dem Probleme entstehen? Ich weiss, es gibt solche die mir sofort sagen: «Du spinnst doch, so etwas kann hier nicht funktionieren». Stimmt das aber? Wir sagen nein zu Sachen an die wir nicht glauben. Ein weiser Mann sagte einmal: «Weshalb kann ein kleines Pflänzchen durch eine Betondecke hindurch wachsen? Weil niemand ihm gesagt hat, dass dies unmöglich ist.» Jeder darf glauben was er will, aber in meiner Welt glaube ich, dass alle Menschen vom selben Schöpfer abstammen und auf ewig verbunden sind. Wir müssen uns vielleicht auf einen Namen einigen, damit die Verwirrung weniger gross wird. Was soll uns denn davon abhalten andere Menschen als Brüder oder Schwestern zu sehen? Aber wie gesagt, jeder darf denken was er will. Allerdings müssen wir dann auch mit dem

Weltbild das wir selber schaffen zufrieden sein und nicht daran herum meckern. Viel Spass beim Spielen.

Energiespiele

Wieviel Energie braucht der Mensch eigentlich? Eine etwas ungewohnte Frage. Nehmen wir an, dass wir soviel Energie brauchen, dass ein anderer Mensch mich sehen kann, wenn ich annehme dass mein Körper verdichtete Energie ist, damit ein anderer Mensch mich fühlen kann, dass ich Wahrnehmbar bin. Ist das alles? In meiner Welt kann ich mir das gar nicht so recht vorstellen. Ich brauche nämlich auch noch Energie um meine Arbeit, falls vorhanden, zu erledigen. Ich brauche Energie um mich auf den Weg zu machen, die Katzen zu begrüssen und wenn nötig zu füttern, ins Geschäft zu gehen, einkaufen zu gehen und wieder gesund zu werden wenn ich krank bin. Gesundheit und Krankheit sind eben auch Energien, wobei die eine negativ und die andere positiv ist. Krankheit ist eigentlich nur eine disharmonische Energie, die wir korrigieren dürfen und können. Auch brauche ich Energie um mich zu ärgern über andere, oder mich sonst auf zu regen, manchmal auch über mich selbst.
Um eine Harmonie wieder her zu stellen müssen wir diese zwei Energien, negativ und positiv, kollidieren lassen, denn aus zwei Frequenzen die kollidieren entsteht eine Welle und eine Welle repräsentiert die Harmonie und dann bin ich wieder gesund oder friedlich. Diese Aussagen sind nach den Entdeckungen in der Quantenphysik belegt.
Nach der Quantenphysik können wir so richtig schön mit Energiefeldern spielen. Wir können Felder kollidieren las-

sen. Wir können Photonen, die kleinsten Lichtteilchen, beobachten und ihre Situation damit verändern. Wir können Wellen kollidieren lassen und damit eine Interferente Situation entstehen lassen. Dabei ist es interessant zu wissen, dass die Aktionen von Quantenwellen ausserhalb Raum und Zeit stattfinden und sofort ein Ergebnis zeigen.

Auch nicht zu verachten ist die Tatsache, dass alle Elementarteilchen mit einander interagieren, indem sie durch andere Quantenteilchen Energie austauschen. So verbinden sie sich jeden Augenblick und neutralisieren sich gegenseitig und erzeugen dabei ganz zufällig einen Energieverlust.

Wir sind von Energie umgeben und diese Energiefelder kann ich nutzen und so sind wir mit allem verbunden. Als ich das erste Mal diese Informationen bekam und mir vorstellte, dass ich sogar mit dem Tisch wo die Unterlagen drauf lagen verbunden war, musste ich ein wenig lachen, bis ich bemerkte, wie grossartig das alles eigentlich ist. Der Mensch ist ein ko(s)misches Wesen. Er kümmert sich viel mehr um Probleme (vor allem über die der anderen) als um die Möglichkeiten die er hat einzusetzen und diese lösen zu lassen. Jawohl, lösen zu lassen. Ich brauche nur diese Störfelder kollidieren zu lassen und alles andere geht von selber, sogar der Tisch als Teil des Energiefeldes hilft mir sozusagen dann meine Probleme zu lösen.

Es gibt nur ein winziges Detail, wir müssen die Veränderungen auch wirklich wollen, denn sonst spielen wir wie verrückt mit Energie, aber weil ich nach der Veränderung, die die Problemlösung einleiten soll, mich wieder um das

Problem kümmere, mache ich die ganze Sache sofort auch wieder rückgängig. Und was passiert dann? Nun, dann sagen wir: «Es ist alles Blödsinn, es hilft sowieso nichts.» Und dabei habe ich sogar mein Problem stabilisiert und kann mich so richtig tagein tagaus nerven und ich habe die Chance drauf los zu wettern, weil wir nur Unsinn vorgesetzt bekommen haben. Das Leben macht so doch richtig Sinn und Spass, oder?
Daraus wird ersichtlich, dass wir alle in Energie baden. Wir sind wie Fische in einem Aquarium, ringsherum Energie, anstatt Wasser. Und Energie breitet sich aus über Wellen. Und wenn ich weiter denke, sieht es danach aus, das alles diesen Wellen ausgesetzt ist. Es gibt Wellen, oder Zyklen, auf die verschiedensten Arten und Lebensbereiche. Der 28-Tage-Zyklus der Frau ist nur ein Beispiel aus vielen. Da gibt es den Biorhythmus, die verschiedenen Umlaufbahnen der Planeten um die Sonne, die Umlaufbahnen der Sonnensysteme um die Zentralsonne unserer Galaxie.
Jetzt sind wir wieder an so einem Punkt angelangt, wo so ein Zyklus zu Ende geht und Platz macht für einen neuen Zyklus. Da redet man dann vom Ende der Zeit, was nur bedeutet, dass die Zeit eines Umlaufbahnes um die Zentralsonne zu Ende geht. Das geschieht übrigens alle 5125 Jahre. Ist demnach nicht so tragisch wie allgemein behauptet wird, denn jede Zeitenwende bringt auch einen Fortschritt in der Evolution des Menschen. Wir können da wieder wählen Evolution oder Revolution. Interessant an der Sache ist, dass die Vorahnen aus sämtlichen Teilen der Welt dies verkünden und nicht die Mayas. Diese armen Leute müssen jetzt die Köpfe hinhalten für einen

Haufen Unsinn der da verbreitet wurde. Und die Geschäftemacher verdienen sich dumm und dämlich mit Weisheiten, die weder Hand noch Fuss haben. Der Mensch kann ja glauben was er will.

Bis vor kurzem lebten wir noch im Zeitalter des Kali Yuga, das dunkle Zeitalter, wie es die Hindus nennen. Und irgendwie haben sie doch ein wenig recht, denn es gab innerhalb von hundert Jahren 2 Weltkriege und weit über 200 weitere Kriege, wie der Krieg Deutschland gegen Österreich, wobei der Koreakrieg, Vietnamkrieg, 6Tagekrieg, Irakkrieg (Desert Storm), Irankrieg, Krieg in Afganistan, Krimkrieg, Sudan usw. noch immer in tiefer Erinnerung sind. Alle die anderen Kriege kennen wir nicht einmal mehr beim Namen, aber sie gingen über die ganze Welt, wie der Falklandkrieg nur allzu deutlich bewiesen hat. Und so schlagen die Menschen auf der Welt sich gegenseitig die Köpfe ein und staunen, dass niemand daraus gescheiter geworden ist. Im Gegenteil, die Menschen werden immer nur noch habgieriger und brutaler und wie ich befürchte dümmer. Es interessiert niemand, was mit der Umwelt passiert, was mit anderen Menschen passiert, wieviele ihre Existenz verlieren nur aus Habgier von einigen wenigen.

O, ja, natürlich es gibt grüne Parteien und Umweltorganisationen und Menschenrechtsgruppierungen in allen Farben, aber was wollen sie wirklich? Die Teapartys in den USA sind von einem Milliardär bezahlt worden in der Hoffnung an der Macht zu bleiben, nicht zuviel Sozialleistungen bezahlen zu müssen und das Wohl des Volkes interessiert ihn gar nicht. Die Waffenlobby in den USA feiert sich selbst öffentlich, weil sie über 300 Millionen Waffen an ihre Bürger verkauft hat, sogar an Zwei- bis Fünfjährige, obwohl es jährlich in diesem «Wunschparadies» über 30'000 Tote durch diese Waffen gibt, die den Menschen doch eigentlich «nur» schützen sollen. Hier geht es nur um Business. Und das geht vielen Organisationen so, aber das wird nicht an die grosse Glocke gehängt. Ich behaupte schon lange, dass es keinen Politiker auf dieser Welt gibt, der zum Wohl des Volkes tätig ist, egal in welchem Land. Es sind nur Selbstdarsteller, Augenwischer um den bequemen Platz an der Sonne zu behalten, Profilierneurotiker und Geier mit überforderten Machtansprüchen wofür sie gar keine Qualitäten besitzen. Was mit der Umwelt los ist, ist da nicht von Interesse und das Volk spielt nur eine untergeordnete Rolle. Wie sagte es die niederländische Regierung damals kurz vor dem zweiten Weltkrieg zum Volk: «Mischt euch nicht ein und überlasst uns das Regieren.» Die Resultate waren dementsprechend.

Dieses Verhalten wird auch deutlich, wenn wir die Nachrichtensendungen hören oder sehen. Menschen in grösster Not werden von Behörden im Stich gelassen. Sie verstecken sich hinter Paragraphen, die irgend ein Wichtigtuer aufgesetzt hat die mehr Schaden als Nutzen bringen. Und egal wie grün eine Partei ist, sie will nur Probleme lösen, indem sie den Bürgern das Geld aus der Tasche ziehen und bestrafen weil sie zum Beispiel Auto fahren. Wer diese Autos produziert hat kann auch jetzt noch ruhig weiter Dreckschleudern produzieren und die Angaben über die massiv weniger Benzinverbräuche sind der reinste Betrug am Käufer. Es gibt und gab bereits seit 1931 Autos mit «Alternativantrieb» der aber bewusst boykottiert wurde, weil einige Habgierige nicht wollten, dass dieser verkauft wird, weil sie damit zu wenig verdienen würden. Von was sollen sie dann noch leben, diese armen Milliardäre?

Und sobald wieder etwas hintertrieben werden soll, wird wieder eine neue Partei gegründet oder eine Gesellschaft wie die Freimaurer, Rotarier, Diners, Club of Rome usw. Ich glaube, die Neue Zeit bringt uns eine Weiterentwicklung. Alle Systeme sind veraltet und verbraucht und wir kommen aus den Schulden nicht mehr heraus, weder privat noch global. Übrigens hat die USA mehr Schulden als alle anderen Länder und die Moody's und wie sie alle heissen hätten die USA schon längst auf Ramschniveau herunterstufen sollen. Es ist aber spannender Länder wie Griechenland und Ungarn so herab zu stufen, weil sie sich nicht wehren können und wunderbar von den wahren Problemen ablenken. Das soll aber nicht heissen, dass ich die Schlampereien dieser Länder befürworte. Auch dies zeigt uns nur wie unbrauchbar dieses System noch ist und was man von Politikern halten soll. Wir brauchen keine Diktatoren, auch nicht die Hintergrundmanipulatoren, sondern Menschen mit Weitsicht und Offenheit für die wirklichen Probleme. Wie können wir etwas lösen, wenn wir uns nicht um die Energien um uns herum kümmern und die wahren Probleme ignorieren?

Wir alle haben gedanklich in unseren Garagen Superautos, aber wir benutzen sie nicht, weil wir vergessen haben wie wir damit fahren müssen. Wir weigern uns den Schlüssel ins Zündschloss zu stecken und los zu fahren. Wir bleiben wie festgenagelt an Ort und Stelle und bedauern uns wie wir nur können, weil wir nicht vorwärts kommen. Manchmal frage ich mich, was passieren würde, wenn wir den Satz «Der Glaube versetzt Berge» übersetzen würden mit «Unser Urvertrauen versetzt Berge»? In unserer Bibelübersetzung wurden schon so viele Abschnitte falsch übersetzt, da spielt diese Umdeutung auch keine gravierende Rolle, oder? Eigentlich macht dieser Satz in meiner Welt mehr Sinn.

Haben wir jetzt genug mit Energie gespielt? Nein, wir fangen erst an zu begreifen, dass wir mit Energie spielerisch umgehen dürfen und sollten. Diese Unbeschwertheit die das Wort spielen mit sich herumschleppt bringt uns vielleicht weiter als die Wichtigtuer die nur immer wieder die Energien missbrauchen für egoistische Zwecke. Vielleicht ist das Ende der Zeit nur ein Spielwechsel mit Energien um die Welt fröhlicher, fairer und ehrlicher zu machen. Diese Energie geht nämlich immer dahin wo wir wünschen. Der Wunsch ist der Vater der Gedanken und wir dürfen damit spielen um irgendwann unsere wahre Bestimmung zu erreichen. Zuerst wünschen wir und dann wird es verwirklicht.

Wie war das mit dem Tisch? Jemand fand es appetitlicher an einem Tisch zu sitzen beim Essen, obwohl er noch nicht wusste, dass dieses Ding einmal Tisch genannt werden sollte, als seine Mahlzeit vom Boden, vermischt mit Sand und anderen Sachen, zu essen. Er konzentrierte sich nicht auf die Kilos Sand, die er in seinem Leben mitgegessen hatte, sondern auf die Lösung dieses Problems. Daraus entstand eine Holzplatte mit vier Pfosten darunter und der evolutionäre Denker brachte es fertig die ganze Welt mit einem einfachen Gegenstand in ein neues Zeitalter, das Zeitalter der besseren Hygiene, hinauf zu kata-

pultieren. Und da behaupten wir immer noch, dass es Unsinn ist, dass der Flügelschlag eines Schmetterlings an einem anderen Ort einen Orkan auslösen kann. Sagen sie das mal der Person, die den ersten Tisch gebaut hat.
Wie gesagt jeder Mensch sieht es auf seine Weise in seiner Welt, mich tröstet es zu wissen, dass alle diese Welten in der Zwischenzeit diesen Tisch gebrauchen. Gut, es gibt auch da Leute die hartnäckig weiter vom Boden essen, die einen aus unsagbarer Armut und die anderen aus Ablehnung, aber der Tisch ist nicht mehr wegzudenken aus unseren Welten, es sei denn wir erkennen ihn als nicht integrierten Bestandteil an und lehnen ihn deshalb ab. Das machen wir untereinander auch so. Alles was uns fremd oder anders vorkommt wird als Gefahr gedeutet und abgelehnt, dabei steht in der Bibel, im Koran und wo auch sonst noch: «Und Gott sprach, lasst uns Menschen machen». Er hat nie gesagt, lass uns Schweizer und Holländer und Deutsche und Türken und Marokkaner und Rumänen und Moslems, Christen oder Buddhisten machen, sondern lediglich Menschen. Alles andere haben wir mit unseren Energiespielen verwirklicht. Dabei zeigt uns doch genau das, wieviel Macht ein Mensch hat. Einer sagte früher mal: «Alle Juden sind Diebe», daraus entstand einige Jahre später der Holocaust. Jemand sagte: »Alle Armenier müssen weg aus dem türkischen Reich, sie sind nur Verbrecher, weil sie keine Moslems sind.» Es wurden davon ca. 1,5 Millionen deportiert und umgebracht von eben solchen Menschen, die sich aber Türken nannten. Die Moslems ihrerseits beschimpfen alle andere als Ungläubige. Das kennen wir aus dem Christentum von früher genauso, die sagten dasselbe und wussten

nicht, dass sie damit ein Problem hervorbrachten das wir heute noch haben. Und bei allen diesen Ereignissen kommt mir die Geschichte mit diesem dämlichen Schmetterling wieder in den Sinn.

Auch die Christen lehnen heute immer noch andere Menschen ab, sei es als Flüchtlinge, als Ausländer usw. und wie viele Morde werden in der Christenwelt begangen sogar im Namen Gottes? Wer im Glashaus sitzt sollte nicht mit Steinen werfen. Wie wahr. Dabei können wir uns einfach mit einer violetten Sphäre schützen, da wird alle negative Energie neutralisiert, jawohl, nicht zurückgeschickt um den Sender zu bestrafen oder Rache zu üben, weil er andere Meinungen als die meine vertritt, sondern die Energie wird umgewandelt zum Nutzen aller. Und so bekommen wir wieder eine Chance um etwas besser als vorher machen zu können, wenn wir wollen. Und jetzt machen die anderen Weltreligionen genau dasselbe wie damals die Christen. Wir stammen vielleicht doch teilweise von Affen ab.

Und so spielt die Menschheit mit Energien und begreift es nicht. Was wäre, wenn wir dies verstehen würden? Die Welt würde sich total verändern. Wahrscheinlich würden wir bei dieser Erkenntnis zuerst laut lachen um nachher zu heulen «des Mistes wegen» den wir veranstaltet haben. Wir wollten doch immer nur das Beste für alle, aber in erster Linie für uns selber. Dieses Verhalten ist ziemlich überheblich und hat uns eben genau diese Probleme gebracht.

Das Schöne an der Sache ist, wir können alles zu jederzeit verändern. Wir müssen nur richtig mit den Energien spielen und Freude daran haben und nicht an Rache oder Bestrafung denken. Alles Negative lässt sich auflösen und umwandeln und wir kommen ja laut den Hindus in das goldene Zeitalter. Bitte verwechseln wir dies nicht mit dem tausendjährigen Reich, das ist ein anderes Kapitel an dem wir noch genug zu nagen haben werden. Wir sind nach seinem Ebenbild geschaffen, deshalb haben wir Schöpferqualitäten. Aber es ist wie in der Lehre. Sobald wir die Prüfung bestanden haben und den Meisterbrief bekommen, heisst es nun anfangen zu lernen. Die Praxis ruft. Theorie haben wir in grossen Massen erhalten, die Praxis steht auf einem anderen Blatt, nämlich auf dem Blatt Lebenserfahrung und das ist Energiespielerei vom Feinsten.

Jetzt kann es nur noch interessanter werden. Was ist, wenn wir alle die Hinweise von Rhythmen, Zyklen und Wellen ernst nehmen? Was ist, wenn unser Leben eigentlich nicht vorprogrammiert, sondern einer Welle oder einem Zyklus unterworfen ist. Die einen können dazu Karma sagen, der Name spielt keine grosse Rolle. Wichtig ist, dass wir hier auch ein Mittel zur Zukunftsdeutung und Vergangenheitsforschung bekommen haben. Es muss nicht immer alles gleich passieren. Das beweist unser Biorhythmus überdeutlich. Habe ich ein biorhythmisches Hoch, fühle ich mich wohl, habe ich ein Tief, fühle ich mich schlecht. Eigentlich logisch. Aber trotz des Biorhythmus passiert nicht immer das Gleiche bei einem Hoch oder einem Tief.

Was wäre, wenn wir entdeckten, dass wir zu einem bestimmten Zeitpunkt ein Tief bekommen? Wir können uns darauf einstellen und verschiedene Gegenmassnahmen ergreifen um das Tief abzuschwächen. Ich kann z.B. eine

Woche Ferien nehmen, oder ich kann mich mehr um die Probleme kümmern die anstehen um vorher eine Lösung herbei zu führen. Es gibt da hunderte Möglichkeiten. Wenn ich da sitze und schon davon überzeugt bin, dass ein Tief mich total herunter reisst, werde ich ziemlich sicher eine sehr negative Phase erleben. Und auch wenn dies eintreffen sollte, kann ich noch dasitzen und mich bedauern oder sagen, jetzt erst recht, jetzt will ich wissen ob ich da noch etwas verbessern kann. Klar, die Arbeit wird in diesem Augenblick wesentlich härter, aber sollte dennoch ein Erfolg eintreten, bin ich stolzer als je zuvor. Und damit habe ich mir eine wichtige Möglichkeit zunutze gemacht. Ich kann über mein Leben selbst bestimmen und das geht manchmal einfacher und manchmal etwas schwieriger. Es lebe der Unterschied.

Spiralen

Wie wir wissen, zeigt sich die Energie immer in Wellen oder Frequenzen, aber die Grundform allen Lebens ist wahrscheinlich die Spiralform. Spirale finden wir überall. Von unseren DNS über die Tornados und sogar als Verhütungsmittel und noch hundert andere Möglichkeiten. Die Spirale ist wahrscheinlich die Form allen Lebens.
Das Wasser aus der Badewanne läuft in einer Spirale hinunter. Genauso ist das mit einem Wasserhahn. Wussten Sie, dass die Spiralform auch einen Sog hervorruft, der enorme Energie freisetzen kann? Der Ingenieur Viktor Schauberger war der Erfinder eines Flugkreisels und der

Repulsine, ein Gerät, das Energie erzeugt mit einer Spirale und die Deutschen, Amerikaner und Russen haben sich mächtig dafür interessiert. Ausgegangen wurde davon, dass eine Explosion (wie bei den Explosionsmotoren) die Umwelt zerstört, aber die Implosion zerstört nichts und setzt enorme Energien frei. Diese Geräte gibt es heute noch, aber sie werden geheim gehalten aus wirtschaftlichen Gründen. Auch hat Schauberger die Wasserläufe revolutioniert und mit seiner Methode kamen die Baumstämme aus den Wäldern viel schneller ans Ziel als in einem geraden Lauf. Er entdeckte, dass das Wasser besser kontrollierbar ist, wenn es über Rampen mit gezielt gesetzten Felsbrocken einen Wirbel erzeugt und dadurch die Energie nach innen und nicht nach aussen gelenkt wird. Diese Fliessstufen sorgen für Eindrehungen die das Wasser spiralförmig zu Tal transportiert. Er nannte sie Pendelrampen. Gerade auf diesem Gebiet sehen wir die enorme Wirkung von Spiralen. Die Spirale ist ein wirkliches Wunderding. Auch wurde durch die Verbauungen die eine Wirbelbewegung hervorriefen das Wasser mit mehr Sauerstoff versorgt als vorher und damit die Selbstreinigung verbessert. Die Wasserqualität wurde damit erhöht.

Ja, die Welt ist voller Rätsel und wir sind in der Lage vieles zu ändern. Es gibt und gab Politiker und andere wichtige Persönlichkeiten, die die Welt ordnen wollten. Heraus kam das grösste Chaos das die Welt je erlebt hat. Mutter Erde fängt an uns alle die Schweinereien zurück zu geben, die wir aus Geldgier und Bequemlichkeit in sie hinein gestopft haben um diesen Dreck los zu werden. Ob sie dieses Zeug rechts- oder linksdrehend zurückspediert weiss ich nicht, aber wir werden immer mehr mit unseren Fehlern konfrontiert und manchmal dreht es uns den Magen um, egal ob rechts- oder linksdrehend.

Was ist nicht bereits alles passiert in den letzten Jahren. Wenn wir etwas genauer hinsehen, entdecken wir überall Zyklen und Spiralformen. Wenn ein Muster entsteht und die Auswirkungen sind sehr unangenehm, haftet sich dieses Muster in uns fest und wenn dann wieder der Zeitpunkt gekommen ist, wird sich dieses Muster wieder manifestieren. Die Auswirkungen sind dann stärker als beim ersten Mal. Das ist auch wichtig, denn nur so schauen wir endlich einmal dorthin wo es nötig ist und bekommen die Chance etwas zu korrigieren. Aber es ist doch klar, dass hier eine Spirale gebildet wurde, weil die Folgen der zweiten Begegnung mit unserem Muster stärker sind als die erste und die dritte Begegnung wird wieder stärker bis ...., ja bis wir begreifen, dass wir etwas ändern sollten. Wenn wir uns die Mühe endlich gemacht haben, wird dieses Muster ausgelöscht und durch ein neues ersetzt. Dieses Muster bringt uns dann zum Beispiel Erfolg und Freude und auch dieses Muster wird sich nach einem bestimmten Zyklus wieder verstärken. Das ist doch schön, wir bekommen dann als Resultat unserer Umwandlung noch mehr Freude und Erfolg und irgendwann sind wir dann die richtigen Glückspilze, die wir immer schon beneidet haben.

In der Zwischenzeit bilden wir aber auch andere Muster, die sich zyklisch verhalten und diese Muster sorgen dann dafür, dass die Bäume nicht in den Himmel wachsen. So wird es nie langweilig auf Mutter Erde. Es gibt sogar einen richtigen Zahlencode um diese Zyklen zu berechnen, damit wir wissen wann sich das nächste Problem aus dem Muster bei uns zurück meldet. Jetzt dürfen wir wählen. Wollen wir wieder einen Leidensweg gehen, oder wollen wir etwas korrigieren und das Blatt wenden? Wir sind freie Menschen mit einem freien Willen. Wir dürfen uns zerstören oder beglücken, je nach Wunsch. Wichtig dabei ist nur, dass wir an das glauben was wir machen.

Wenn wir uns einmal vorstellen, dass wir fest mit beiden Beinen auf der Erde stehen und uns so verhalten, beginnen wir Ruhe und Sicherheit auszustrahlen. Dabei wissen wir, dass alles was ausgesendet wird wieder zu uns zurück kehrt. Das ist logisch, denn so bilden sich eben Muster und Spiralen, alles dreht sich eben. Wenn ich also die Energie von Mutter Erde fühle, dazu braucht es nur wenig Übung, und ich lasse diese Erdenergie durch den rechten Fuss hinaufsteigen bis zum sagen wir Kosmos und von da wieder zurück in den Körper fliessen, sinkt die Energie wieder zurück in die Erde, aber jetzt durch den linken Fuss.
Jetzt habe ich einen Kreislauf gebildet und damit bin ich unten mit der Erde und oben mit dem Kosmos verbunden. Wir sind ja mit allem verbunden sagt sogar die Wissenschaft.
Wenn diese Energie so hin und her fliesst, durch mich hindurch, bildet sich eine Säule des Lichts und der Energie und genau in dieser Säule stehe ich, geschützt und umgeben mit unendlich viel Kraft. Und jedes Photon, aus dem das Licht besteht, besitzt sämtliche Informationen und sämtliches Wissen das vorhanden ist. Wenn ich es akzeptiere, dass ich nach seinem Ebenbild geschaffen bin,

bin ich in der Lage diese Quelle zu nutzen und kann ich auch alles in meinem Leben und um mich herum verändern. Um dies machen zu können sollte ich mir allerdings darüber im Klaren sein, dass dies nur gelingt, wenn ich dies zum Wohle des Ganzen mache. Grigori Grabovoi sagt zum Beispiel immer: «Alles zur Rettung der Welt und zur totalen Harmonisierung.» Jetzt haben wir doch eine Erklärung für den berühmten Schmetterling mit seinem Tornado. Dieser Tornado fegt allerdings alles Negative hinweg und macht aus Egoisten Menschen die wissen, dass wir alle zusammen gehören und das alles in einem Spiralform. Was Du meinen Brüdern angetan hast, hast Du mir getan, sagte Jesus, dieser grosse Meister. Hiermit sagt er deutlich, dass wir mit allem und allen verbunden sind und wir für uns selber und alles andere Verantwortung tragen müssen. Aber tragen wir Verantwortung, wenn wir kein Interesse an unseren Mitmenschen haben und sie nur als Manipulationsmasse einsetzen? Dieser Ausspruch ist sehr wichtig um alle Zusammenhänge besser verstehen zu können. Das ist kein Nachteil. Nein, es ist ein Vorteil, denn diese enorme Macht steht uns allen zur Verfügung. Und als Kinder Gottes, oder der Götter, können wir dies alles nutzen, aber eben zum Wohle aller. Wenn ich da weiter denke ist es eigentlich lächerlich wie wichtig sich Menschen manchmal fühlen. Der eine gehört zum Adel, der andere zum Hochadel. Wieder andere sind die grossen Wirtschaftsführer oder Banker, die mit Billionen herumfuchteln und damit ein noch nie dagewesenes Chaos in die Welt bringen, nur aus Angst selber nicht genug vom Kuchen bekommen zu können. Sie investieren in Lobbyisten, die dann ihre Meinung vertreten, oder besser gesagt durchsetzen müssen, auch wenn sie eigentlich anderer Meinung sind, denn Geld macht ja anscheinend auch manchmal blind und blöd.

Andere wiederum machen sich breit in Behörden und anderen vermeintlich wichtigen Ämtern, nur um auch ein bischen Macht zu ergattern, bis hin zu denen die sich als Diktator oder Präsident, König, Kaiser, General usw. in der Welt breit machen.

Auch gibt es da die empirischen Wissenschaftler, die nur alles was beweisbar ist als real akzeptieren und alles andere als Scharlatanerie abtun, weil ihre Ignoranz und Hochnäsigkeit grösser als ihr Denkvermögen ist. Natürlich gibt es auch die seriösen und hoch angesehenen Wissenschaftler die unendlich vieles geleistet haben zum Wohle der ganzen Menschheit. Es wäre auch nicht recht alle in den gleichen Topf zu schmeissen. Lustig dabei ist nur, dass sich die Wissenschaft alle Jahre wieder selber neu erfindet. Es wird etwas behauptet und empirisch bewiesen und nachher wird dies korrigiert, weil man jetzt andere Beweise hat. Das berühmteste Vorbild dieser Gangart war Galileo Galilei «und sie dreht sich doch».

Zuerst durfte jemand mit Fieber nichts trinken und später musste er so viel wie möglich trinken um das Fieber los zu werden. Die Menschen schliefen früher im sitzen, weil die Wissenschaftler behaupteten, dass man stirbt, wenn man beim Schlafen liegt und der Mensch kann unmöglich eine Geschwindigkeit von mehr als 30 Kilometer pro Stunde überleben; ein Schiff, das schwerer ist als Wasser kann nicht schwimmen und ein Fluggerät, das schwerer als Luft ist kann nicht fliegen. Und sie schwimmen und fliegen doch und sogar die «Empirer» haben erkannt, dass sie auf dem falschen Dampfer sassen und nur ihre wissenschaftlich belegten Thesen den Bach runter gingen, dazu benutzen sie mit Freude alle diese empirisch unmöglichen Bequemlichkeiten und reden nicht mehr darüber.

Aber die Welt hat das alles überlebt und wird dies auch weiterhin überleben, weil noch vieles anders heraus kommt als die empirische Wissenschaft jetzt behauptet und die Wissenschaft schimpft jeden der sich mehr auf die geistige Ebene begibt als Scharlatan, obwohl es auch da Beweise genug für das Gegenteil gibt. Und doch, es gibt auch in diesem Bereich Scharlatane genug. Und sie dreht sich doch, auch jetzt.

Eigentlich sollten gerade Forscher und Wissenschaftler offener für Neues sein. Wie sonst soll man forschen? Natürlich wird immer wieder das Gegenteil von einer bestehenden These behauptet und alles «Alte» über Bord geworfen und durch Neues ersetzt, aber nach kurzer Zeit stellt sich das wieder als «Bullshit» heraus und das Karussel beginnt sich wieder von Neuem zu drehen. Und schon sind wir wieder beim Zyklus und bei der Spiralform. Damit sind wir wieder beim Anfang und das Rad dreht sich wieder von Neuem. Aber echtes Umdenken braucht etwas anderes.

Ehrlicherweise muss auch gesagt werden, dass es nicht so einfach ist zu glauben, wenn so viel Mist herumgeboten wird unter dem Namen Esoterik. Esoterik kommt ja aus dem Griechischen Esos, was «nach Innen» heisst. Ein Esoteriker bemüht sich demnach darum zu lernen, wie er mit seinen geistigen Fähigkeiten umgehen kann und wie er seine innere Quelle öffnet um daraus das Wissen zu seiner eigenen Entwicklung sinnvoll zu nutzen zum Wohle des Ganzen. Er ist nicht jemand der herum schreit «Ich bin Esoteriker und bin euer Meister und Retter». Der echte Esoteriker arbeitet im stillen Kämmerlein und nur durch seine Taten wird man darauf kommen, dass er einer ist. Ein Heilpraktiker ist kein Esoteriker, auch kein Kartenleger oder eine Kartenlegerin, ebensowenig ein Heiler, aber sie können einer sein, eben im stillen Kämmerlein, aber das kann ein Banker auch sein. Werbung mit seinen esoterischen Studien macht er nicht, deshalb war auch die Geheimhaltung bei den vielen Orden und Zirkeln da. Diese arbeiteten zusammen für ihr eigenes Vorwärtskommen um damit nachher den Menschen um ihnen herum zu helfen. Das ist alles mit dem Schweigegelübde. All dieses Wissen öffentlich konsumiert, würde nur noch mehr Scharlatane auf den Platz rufen und ein unvorstellbares Unheil anrichten. Und durch die Spiralwirkung, würde alles sich bei jedem neuen Zyklus verstärken.

Wie sagte es einmal ein weiser Mann? «Wen du dich selber heilst, werden alle geheilt.» Wir sind eben miteinander verbunden, ob wir wollen oder nicht. Dieser Mann war Kalil Gibran.

Wir können so einen Zyklus ausrechnen nach dem Goldenen Schnitt, oder wie man auch sagt Fibonacci-Code

(Fibonacci war der Entdecker des Zahlen-Codes der zum Goldenen Schnitt gehört). Dazu brauchen wir die Zahl Phi (1,618 als grosses Phi und 0,618 als kleines Phi, als fi ausgesprochen und nicht mit Pi 3,14 zu verwechseln).
Fibonacci war allerdings nicht der Erste der den Goldenen Schnitt anwandte. Einer der Ersten war Phidias der von 490-430 vor Christus gelebt hat. Nach ihm gab es als bekannte Grössen noch Platon (427-347 v. Chr.), Euklid, Luca Pacioli, Kepler, Charles Bonnet, Martin Ohm, der als Erster formell die Bezeichnung Goldener Schnitt verwendet hat um die göttliche Proportion zu beschreiben usw. Alle diese Codes sind an vielen Orten beschrieben, weshalb ich nicht weiter darauf eingehe. Wer sich interessiert kann mich immer noch fragen und sonst gibt es genügend Menschen die da weiter helfen.
Eines ist aber deutlich, es gibt überall Spiralen, die das Leben in bestimmte Bahnen lenken, vorausgesetzt wir ändern nichts daran. Da liegt eben das grosse Geheimnis. Wir können alles ändern, aber wir müssen die richtige Vorgehensweise beherrschen, damit dies auch funktioniert und wir müssen uns sicher verhalten. Es ist völlig logisch dass wir das können.
Wie auch schon gesagt: «Der Glaube versetzt Berge». Da ist es schön in einem Land zu wohnen das überhaupt Berge hat, was müssen denn Holländer versetzen Nordseewellen?

Es gibt auch eine interessante Spirale über die wir noch reden könnten. Das ist die Spirale der Jugend. Wer sich verjüngen oder älter machen will, das geht genauso, stellt sich eine Spirale vor oder er zeichnet sie und fängt in der

Mitte der Spirale an. Dann ziehen wir von da aus die Linie spiralförmig um den Beginnpunkt in immer grösseren Kreisen. Nach etwa acht bis zehn Drehungen stoppen wir. Der Mittelpunkt ist der Zeitpunkt unserer Geburt, das Ende der Spirale an der Aussenseite ist das Ende der Inkarnation. Jetzt bestimmen wir auf dieser Linie einen Punkt der zum Beispiel 35 Jahre bedeutet. Hier setzen wir ein Kreuz. Jetzt denken wir nur kurz: Ich sehe jetzt aus wie ein 35jähriger, halte dies einen Augenblick fest und lasse es dann los. Wir schicken es nirgendwo hin, sondern integrieren diesen Wunsch in unseren Geist. Der Rest ist laufen lassen. Diese Übung kann mehrmals täglich gemacht werden, solange bis das Resultat erreicht ist. Das ist Blödsinn? In Ordnung, wenn Sie dieser Meinung sind lassen Sie es ruhig sein, aber meckern und schimpfen Sie nicht herum. Einfach vergessen. Die anderen lassen sich überraschen. Meistens erwarten wir am selben Abend schon das Endresultat, aber das geht nicht so leicht. Wir sollten dem Kosmos auch die Zeit geben die Veränderungen in vernünftigem Rahmen durchführen zu können. Diese Hetzerei schadet nur, also «Ruhe bewahren». Hier hilft uns vielleicht der Spruch: «Lieber Gott gib mir mehr Geduld, aber bitte sofort.» Jetzt haben wir uns doch einmal kurz mit einer Spirale beschäftigt. Das Resultat ist nicht wichtig, wichtig ist nur das Gefühl, dass wir Menschen auf unser ganzes Leben Einfluss nehmen können, sowohl positiv wie negativ.

Ich habe die Erfahrung gemacht, dass wenn etwas unglaublich klingt es gar nicht so unglaublich sein muss und wenn etwas belächelt oder sogar bekämpft wird, ist meistens auch mehr dran. Wenn es nicht jemandem in die

Quere kommt, macht es auch keinen Wirbel und wenn sich Leute vehement damit beschäftigen oder es zerstören wollen, stinkt es schon stark gegen den Wind. Es gab und gibt viele Wissenschaftler, die absichtlich lächerlich gemacht wurden und werden nur um zu verhindern, dass ihre Entdeckungen veröffentlicht wurden. Dr. Nikola Tessla war zum Beispiel so einer.

Wenn ich so nachdenke, finde ich die Welt so wie sie jetzt ist ziemlich krank. Aber beschäftigen wir uns lieber mit der Spirale. Es gibt auch den Spiralnebel, alles dreht sich und zwar im Grossen wie im Kleinen. Sogar die DNS-Stränge winden sich spiralartig um einander. Es ist die Form, die uns das Gefühl von Harmonie und Halt zu geben scheint.

Eine Krankheit beeinflusst diese Spirale negativ. Wer sich darauf konzentrieren kann, könnte daraus auch herausfinden welche Krankheit vorhanden ist und wie sie korrigiert werden kann und zwar auf natürliche Art. Natürlich braucht dies alles einige Übung, aber wir sind doch starke Persönlichkeiten die sich nicht so schnell entmutigen lassen, oder?

Es scheint, dass es überall Spiralen gibt. Von den Schnekkenhäusern bis zu den Milchstrassen oder im Mikrobereich, überall das selbe Muster. Lang lebe die Spirale.

Wir sind auch in der Lage über die Farben und Töne einfluss auf unseren Körper und alles andere zu nehmen. Wer sich mit Musik beschäftigt weiss, dass der Ton A 432 Schwingungen pro Sekunde (Herz) hat. Dieser Ton bringt Ruhe, Harmonie, Wohlgefühl. Früher wurden alle Instrumente darauf gestimmt. Gegenwärtig werden sie auf 440 Schwingungen getrimmt und diese Schwingung ist viel aggressiver, sogar so aggressiv, dass es den Menschen selber aggressiv und nervös macht.

Die Menschen werden viel zu hektisch davon und es gibt schon viele Wissenschaftler, die eine Rückkehr zum 432 Hz. befürworten. Mozart und Leonardo da Vinci haben sogar gefordert, dass ihre Musik in der «alten» Stimmung gespielt wird. Nicht jede Veränderung macht eben wirklich Sinn.

Ist die auf Seite 31 abgebildete Spirale des Lebens nicht schön? Sie stammt aus «Das Wesentliche», aber ich fand es gut dies als Vorbild einer Spirale zu zeigen. Den Verlag bitte ich um Entschuldigung wenn sie sich übergangen fühlt, was aber kaum der Fall sein wird.

Es gibt da noch eine andere Spirale, die heute sehr stark in Erscheinung tritt und jeder kann dies selber sehen und bestätigen. Es ist die Gewaltspirale. Denken wir wieder ein wenig nach. Diese Spirale zeigt sich in Iran, Afghanistan, Israel, Syrien, Mali, Somalia, Pakistan, India, China, Ägypten, Algerien, Lybien usw. Alle Länder aufzuzählen ist vom Platz her nicht möglich. Nur noch ein Land habe ich nicht erwähnt, weil es ein Land ist, das wir nicht für gewalttätig halten, obwohl es ein enormes Gewaltpotential an den Tag legt. Hiermit ist nicht Russland gemeint, das auch grosse Gewaltbereitschaft besitzt, aber diskret von einem alten KGB-Offizer regiert (oder beherrscht?) wird, sondern die USA. Einst war dieses Land ein Vorbild für den Kampf für den Frieden und die Gerechtigkeit. Diese Zeiten sind schon lange vorbei. Ein Land das nicht aufschreit, wenn die Waffenlobby Kinderspiele fürs Internet produziert womit 4jährige schon das

Töten von Menschen lernen und auf den Waffengebrauch und den Waffenbesitz programmiert wird, ist bereits so degeneriert, dass es ein Hohn ist, dass Kirchen, Demokratien und sämtliche Friedensbewegungen dazu schweigen, nur weil es die USA ist. Es ist ebenso bedenklich, dass es in den USA wichtiger ist Lehrerinnen und Lehrern das Schiessen beizubringen anstatt sie zu schulen damit sie die Kinder zu Gewaltverzicht erziehen. Es ist eine Riesenschande, dass dies einfach von der ganzen Welt und erst recht von den meisten Amerikanern toleriert und oder totgeschwiegen oder befürwortet wird. Hier dreht sich die Gewaltspirale gigantisch.

Mir fällt immer wieder auf, wie verdorben die Berichterstatter schon sind, die täglich solche Informationen in die Welt setzen und sich ein Spass daraus machen, anstatt nur ein Anflug von Empörung zu zeigen. Und wieviele schreien auf, wenn in einer «Realityshow» in China Reihen von Menschen in einem Fussballstadion executiert werden, weil sie dem Regime nicht genehm sind?

Wer schreit auf, wenn die Wirtschaft ohne Bedenken oder schlechtes Gewissen Autos in Unmengen produziert und sich nicht einmal darüber Gedanken macht, wenn die Bevölkerung in den Städten z.B. an Krebs und anderen Krankheiten eingeht wegen des Smogs? Fadenscheinig wird den Menschen empfohlen möglichst zuhause zu bleiben, anstatt die Autoindustrie an die Kandarre zu nehmen und zu zwingen saubere Motoren her zu stellen? Sehen wir hier nicht eigentlich wer die Welt wirklich regiert?

Natürlich können wir dies alles mit Verschwörungstheorien abtun, aber der Ursprung dieser Theorien scheint mir aus genau derselben Küche zu stammen aus der diese Dreckschleudern produziert und finanziert werden, nur um die Opposition lächerlich und damit mundtot zu machen. Natürlich sind die Medien genauso mitverantwortlich. Sie lassen sich erpressen und halten Informationen zurück nur um die Lobby zu unterstützen und das Volk weiterhin mit banalem Mist zu füttern bis die zu träge sind und nicht einmal mehr merken welchen Schrott ihnen laufend vorgesetzt wird. Und so können die Herren der oberen Liga (oder vermeintliche) in aller Ruhe ihren Geschäften nachgehen ohne Rücksicht auf Verluste und bei jeder Veränderung behaupten, dass das alles Geld kostet und die Steuern und weiss ich was unbedingt erhöht werden müssen. Zur Not könnten wir dann noch die Löhne und die Renten kürzen, nur weg bleiben mit den Fingern vom Vermögen der so stark geplagten Milliardären.

Auch frage ich mich ob nicht gerade die Waffenlobby einen nächsten Krieg vorbereitet, denn eine richtige Hochkonjuktur nach ihren Vorstellungen in der Waffenschmiede haben sie eigentlich nicht mehr so ganz gehabt. Und wenn ich weiterdenke kommt mir hoch: «Weshalb können Länder, die behaupten neutral zu sein, Waffen verkaufen und liefern an Länder wo der Krieg bereits im Gange oder in Vorbereitung ist?» Natürlich wird gesagt, dass Waffen nicht in Kriegsgebiete geliefert werden dürfen, aber das ist doch pure Heuchelei, denn weshalb sollte ich Waffen kaufen wenn ich sie gar nicht gebrauchen will? Wer Waffen kauft, will sie auch irgendwann oder irgendwo einsetzen. Die Spirale der Gewalt dreht sich unaufhörlich weiter und wir machen die Augen zu.

Es gibt aber eine andere Spirale. Wie wäre es, wenn immer mehr Menschen solche Praktiken ablehnen? Wenn alle auf die Idee kommen, dass wir eigentlich mit einander verbunden sind und dass wir uns selber zerstören, wenn wir andere zerstören? Steht nicht auch in der Bibel: «Wer das Schwert erhebt, wird durch das Schwert umkommen?» Natürlich steht da auch etwas von Auge um Auge, Zahn um Zahn. Dies bedeutet für uns eigentlich, dass wir dual gestrickt sind. Wir haben alle Gutes und Böses in uns. Auf welcher Seite wir stehen wollen ist uns wieder überlassen. Es gibt immer irgend jemand, der dem anderen seinen Willen und Vorstellungen aufzwingen will, das sehen wir deutlich bei Politikern, Behörden und Waffen- oder anderen Lobbyisten. Und wenn ich darüber nachdenke was ich darauf antworten soll, kommt mir ein Satz in den Sinn von Ralph Waldo Emerson, der von 1803 - 1882 gelebt hat. Er war ein cleveres Kerlchen und sehr Weise, sonst kommt einem nicht so etwas in den Sinn. Er sagte: «Versuche niemals jemanden so zu machen, wie du selber bist. Du solltest wissen, dass einer von deiner Sorte genug ist.»

Welche Freude, dass es schon lange Menschen gab mit solchen Erkenntnissen. Da keimt doch wieder ein wenig Hoffnung auf. Und wenn die Geschichte vom hundertsten Affen stimmt der eine Affenrevolution im Verhalten auslöste, muss doch der Mensch, der von sich behauptet Krone der Schöpfung zu sein, erst recht solche Techniken beherrschen, sogar zum Wohle der Menschen und nicht um sie zu zerstören mit Waffen und Hunger und was alles noch mehr.

Manchmal denke ich darüber nach wie die Welt aussehen würde ohne Politiker, Behörden, Waffenlobbys, Ölmagnaten, Banker, Polizisten und Staatsanwälte. Wenn diese kein Unheil mehr anrichten könnten, müsste doch eigentlich auch die andere Seite sich auflösen und verschwinden, das heisst, wir brauchten sie dann nicht mehr und wir sind doch Brüder oder etwas Ähnliches?

Vor langer Zeit sagte mir jemand: «Du sollst nicht nachdenken, sondern selber denken.» Er hat ja recht, obwohl Nachdenken manchmal auch recht interessante Ergebnisse bringt. Solange wir überhaupt etwas denken, können wir die Spirale des Lebens am Drehen halten, sonst geht es mit uns bergab, wenn die Spirale zum Stillstand kommt. So entdecken wir, weshalb das Denken erfunden wurde. Wir hatten schon viele grosse Denker auf dieser Welt und zwar in allen Sparten der Gesellschaft. Es ist eine Substanz, die uns Menschen die Möglichkeit gibt die Evolution voran zu bringen.

Wo liegt jetzt aber der Ursprung alle dieser Spiralen, die das Leben ausmachen. Irgendwo und irgendwann könnte es einen Punkt, einen Lichtfunken, gegeben haben, aus dem dann alles andere entstanden ist. Ob das mit einem Urknall oder sonstwie von statten gegangen ist, ist eigentlich unerheblich. Wichtiger ist es wer oder was dahinter steckt. Und schon fängt das Gehirn wieder an Denkimpulse in den Raum zu schicken in der Hoffnung etwas Sinnvolles auf zu fangen, das uns weiter hilft.

Dieser Urfunken nennt der eine Gott, oder Allah, oder Jehova, oder die Vorsehung, das grosse Eine, die Dreieinigkeit usw. In der Kabbalah hat Gott 72 heilige Namen und wenn unsere noch dazu kommen, wird die Sache wahrscheinlich unübersichtlich. Ist alles überhaupt aus einen Punkt oder einem Zentrum entstanden, oder gab es da noch mehr?

In der Bibel in der Genesis steht: «Und Gott sprach, lasst uns Menschen machen.» Zu wem sagte er das und was waren das für Wesen, die er da ansprach. Sind wir gar nicht so einzigartig wie wir glauben und gab es deshalb schon vorher Wesen, die Gott halfen Menschen zu machen? Und weshalb sehen wir Gott immer als ein Mensch, z.B. ein alter Mann mit weissem Bart oder versteckt hinter einer Feuerwand oder einem Dornenbusch der brennt? Welche Farbe hat Gott? Da gibt es viele Fragen. Die meisten Wissenschaftler sagen nur, dass das Wesen das wir Gott nennen nur Energie ist. Aber wenn er nur Energie ist und keine Person wie wir uns eine Person vorstellen, könnte er ebensogut eine Spiralform sein, die Leben hervorbringt. Vielleicht ist er auch beides, sowohl menschlich als eine geometrische Form. Und wenn Gott nur Energie ist, beweist dies, dass wir mit ihm verbunden sind, denn alles ist Energie, sagen die Wissenschaftler. Ich glaube, hier beisst sich der Hund selber in den Schwanz.

Reine Energie ist etwas Schönes, da können wir auch reine Liebe dazu sagen, und diese reine Energie nimmt Menschengestalt an, wenn sie mit uns sprechen will. Denn durch das Verdichten von Photonen kann jede Form, jeder Gegenstand und jedes Wesen entstehen was gedacht wird. Dieses Wesen, oder diese Energie, besitzt sämtliche Informationen, die im Universum überhaupt vorhanden sind und bei der Gestaltung eines Wesens oder einem Gegenstand werden diese Informationen logischerweise weiter gegeben an alle Wesen, Gegenstände, Pflanzen, Tiere usw. Ich wusste nicht, dass ich irgendwo mit meinen Katzen verwandt bin, oder mit dem Küchentisch und wir die gleichen Informationen besitzen die es braucht neues Leben hervorzubringen, nur dass Katzen und Tische nicht sprechen können und der Tisch sogar nicht denken kann und demnach nur Speicher ist, oder? Viele sagen auch, dass Gott die Urmatrix besitzt von allem was ist. Und weil wir nach seinem Ebenbild geschaffen sind und eins sind wegen des Energiefeldes, können wir diese Matrix auch abrufen um z. B. einem Menschen zu helfen wieder gesund zu werden. Damit sind wir zwar keine Heiler, aber wir dürfen diese Energie und diese Matrix verwenden um den Körper sich selber heilen zu lassen. Dann macht diese Energie alles und wir sind nur Beobachter.

Diese Wissenschaft wird gegenwärtig als neue Entdeckung betitelt, aber da täuschen wir uns selber, denn es gab schon viel früher Menschen mit diesem Wissen. Sie wurden aber meistens nicht verstanden oder sogar bekämpft. So einer war auch Baruch de Spinoza. Er war ein niederländischer Philosoph mit iberischer-jüdischer Abstammung. Dieser Mann hatte nie einer speziellen Philosophenschule angehört und hat auch nie eine gegründet. Für die damalige Zeit war er ein radikaler Philosoph. Er wurde am 24. November 1632 in Amsterdam geboren und starb am 21. Februar 1677 in Den Haag. Dieser Philosoph beschäftigte sich mit vier Zweigen des Denkens und zwar der Metaphysik, der Ethik, der politischen Philosophie und der Erkenntnistheorie. Die Metaphysik bezeichnet Gott als singuläre Substanz. Er hielt dabei fest:

«Gott ist die unendliche, substanziell in ihren Eigenschaften konstante, einheitliche und ewige Substanz.». Damit kombiniert Spinoza das traditionelle Verständnis der Substanz als «In-sich-sein» (in se est) mit der Feststellung, dass eine Substanz nur aus sich allein begriffen werden kann (per se concipur) bzw. erklärbar sei.

Die logische Folgerung daraus folgt zwingend, dass bei Annahme mehrerer voneinander unterschiedlicher Substanzen etwas diesen gemeinsam zugrunde liegen muss, da sich die Substanzen ohne ein Gemeinsames nicht voneinander unterscheiden lassen. Die Definition einer einzelnen Substanz könne nur über ihre Unterschiedlichkeit von den übrigen Substanzen erfolgen. Damit wäre keine Substanz mehr aus sich heraus begreifbar, sondern nur in Bezug zu den übrigen. Daraus ergibt sich unter Annahme von Spinozas Satz vom aus sich heraus zu begreifenden Seienden, dass es nur eine einzige Substanz geben könne. Diese Substanz ist daraus folgend mit all ihren Eigenschaften unendlich und absolut und wird von Spinoza mit Gott gleichgesetzt.

Der Einwand einer möglichen endlichen Substanz wird durch zwingende Schlussfolgerungen aus den ersten beiden Axiomen Spinozas zur Substanz widerlegt. Eine endliche Substanz müsste wiederum an eine andere Substanz angrenzen, was die oben behandelten Definitionsprobleme der unmöglichen Differenzierung von Substanzen nach dem Axiom per se concipur aufwerfen würde. Eine endliche Substanz benötigte ausserdem einen kausal vorhergehenden Verursacher ihrer Existenz, was eine zweite Substanz zusätzlich zwingend erforderlich macht und selbige Probleme in Bezug auf die Anfangsaxiome aufwirft. Spinoza folgerte, dass eine Substanz nicht von einer anderen hervorgebracht werden könne: «Una substanzia non potest produci ab alia substanzia.» Nach Spinoza kann eine Substanz keine weitere Ursache haben und ist demnach als Ursache ihrer selbst (causa sui) vorzustellen. Damit sagt Spinoza schon im 17 Jahrhundert, dass alles aus dem Einen entstanden ist und es ausserhalb dem Einen nichts geben kann. Wir entdecken Amerika wieder einmal von neuem. Er war ein blitzgescheiter Mensch und wurde aus der jüdischen Gemeinschaft verbannt, weil er seine Meinung sagte. Auch mit der Kirche hatte er Probleme und sogar mit den Behörden (wie konnte es auch anders sein). Den Menschen wurde verboten sich mit ihm zu unterhalten oder zusammen zu sein und er wurde aus Amsterdam hinaus geschmissen, womit bewiesen ist, dass auch Amsterdam nicht immer die tolerante Stadt war die sie heute zu sein scheint oder vorgibt zu sein.

Spinozas bekanntestes Werk war die «Ethica». Diese wurde zeit seines Lebens verboten, natürlich durch die Kirche und den Behörden. Da ein Freund diese Unterlagen aufbewahrte wurden sie später doch noch veröffentlicht, wobei die Kirche und die Behörden sicher keine grosse Freude daran hatten.
Aber in seiner wisssenschaflichen Art zu schreiben sagt er eigentlich in Normaldeutsch genau das, was heute als neues Wissen propagiert wird. Zeigt sich hier die These, dass alles Wissen als Information im Menschen und allem anderen gespeichert ist? Wir müssen nur auf die Idee kommen und diese anwenden.

Es scheint doch recht wichtig zu sein unsere Erfahrungswerte manchmal anders auszurichten. Wir müssen nicht immer beim selben verharren. Leben heisst Bewegung und wer sich, vor allem geistig, nicht bewegt, geht mit Vielem am Leben vorbei. Wir scheinen also die Macht zu haben uns eine neue schöne Welt aufzubauen. Um dies zu erreichen müsssen wir auch bereit sein zu lernen. Wir müssen die Zusammenhänge begreifen um damit zu arbeiten.

Wellen und andere Bewegungen

Die Welt ist voller Wellen. Wo wir hinsehen, überall gibt es sie. Jetzt frage ich Sie einmal: «Wohin gehen die Wellen?» Wenn ich genau das Wasser studiere, fällt mir auf, dass eine Wasserwelle sich nur nach oben und wieder nach unten bewegt. Als Kind stand ich oft am Strand, oder am Hafen in Rotterdam und sah die Wellen an. Am Strand hatte man das Gefühl, dass das Wasser auf einem zu kommt und das war auch so, deshalb nannte man es Brecher oder Brandung, aber das war nur am Strand, ein Ereignis wegen des Höhenunterschieds vom Wasser zur Erde. Im Hafen oder im offenen Meer ist das anders. Da sehen wir die Wellen nur nach oben und unten gehen. Eine Welle durchzieht das Wasser. Ich habe das viel probiert mit einem Stückchen Holz oder einem Papierschiffchen, das ich ins Wasser warf. Es blieb fast immer am selben Ort, aber es senkte und hob sich immer wieder. Für mich hiess das, dass sich das Wasser nur nach unten und oben bewegt und eigentlich nur am Ufer durch den Höhenunterschied sich nach vorne bewegt. Es will den Wellengang fortsetzen wo kein Wasser mehr ist und dann überstürzen sich die Ereignisse, die Welle bricht und stürzt hinunter auf den Strand.

Wenn sich zwei Frequenzen treffen, oder wie der Physiker sagt, kollidieren, entsteht auch eine Welle. Aus zwei Frequenzen, die sich gegenseitig treffen entsteht eine Welle, das heisst Ruhe und Harmonie. Ist das im Leben überhaupt so? Wenn der Mensch, nach Aussage der Wis-

senschaft, aus Photonen besteht und diese Frequenzen aussenden, muss doch bei so einer Kollision auch eine Welle entstehen, das bedeutet, dass die Störfrequenz einer Krankheit durch eine Kollision mit einer anderen Frequenz harmonisiert oder geheilt wird? Ist dieser Gedanke so abwegig, oder besteht dieser nur in meiner Welt?
Photonen sind reines Licht. Sie besitzen sämtliche Informationen und deshalb besitzen wir diese auch. Sollten wir dann nicht schleunigst versuchen diese enorme Quelle des Lichts und der Information besser kennen und anwenden zu lernen? Wenn wir über alles Wissen verfügen, weshalb plagen wir uns eigentlich täglich mit Banalitäten herum? Haben wir nichts Besseres zu tun als die Schöpfung zum Narren zu halten, oder sollten wir ihr zum Durchbruch verhelfen? Wollen uns das die Mayas und alle die anderen Weisen mitteilen und uns darauf aufmerksam machen, dass wir im Trüben fischen anstatt uns die Türe zum Paradies auf zu stossen?
Es gibt nichts auf dieser Erde, das allein seligmachend ist. Keine Religion, keine Partei, kein Staat oder eine Staatsform. Wir haben nur Halbheiten und oder Hirngespinnste, die uns den Weg in die Wahrheit zeigen wollen. Dabei werden wir damit terrorisiert, das zu tun was andere wollen und dankbar an zu nehmen. Wir müssen für diese Wichtigtuer Standbilder und Gemälde herstellen, auch Bücher über sie schreiben, damit sie für immer ein Vorbild für uns sind dem wir nach zu streben haben. Und genau mit diesem Verhalten betrügen wir uns selber.

Was ist, wenn wir uns auf uns selbst konzentrieren anstatt unser Leben Einhörner, Drachen, Diktatoren, Präsidenten und andere Obskuritäten zu schenken und uns dubiosen «Weisen» zu unterstellen?

Wir sollten in der neuen Zeit erwachsen genug sein um selber unsere Entscheidungen fällen zu können. Wir brauchen niemand über uns, der uns vorschreibt wie wir etwas zu tun haben. Ein wirklich Weiser will nicht herrschen, sondern nur etwas weiter vermitteln ohne Befehle und Dogmen zu kreiieren, nur um anderen eine neue Möglichkeit zu vermitteln.

Wie schön wäre eine Riesenwelle der Sympathie einander gegenüber, die mit Toleranz und Verständnis einher geht und nur für das Wohl anderer und zur allgemeinen Harmonisierung entsteht. Wir können diese Welle herbeidenken, das ist nicht verboten.

Die allgemeine Harmonisierung und das Wohlergehen aller sollte uns am Herzen liegen. So jedenfalls denke ich das in meiner Welt. Das heisst nicht, dass wir alles akzeptieren müssen was andere machen, sondern es zeigt Verständnis für die Situationen und die Wünsche anderer, aber es lehnt auch Druck ab, der darauf ausgerichtet ist ungerechtfertigt mehr Zuwendung zu erhalten als worauf man ein Recht hat.

Wenn es so ist, dass Wellen harmonisieren und heilen, weshalb schaut man weg, wenn es Menschen ausprobieren ob das richtig funktioniert und weshalb wird ein Erfolg von Kirchen und Behörden als Scharlatanerie abgetan, nur weil man nicht ehrlich hinschauen will? Ist es so schlimm, wenn es Menschen gibt, die an positiven Veränderungen interessiert sind? Wird dadurch die Macht einiger abgebaut und soll deshalb schädlich für uns sein? Wir reden ja auch von Kirchenfürsten, weshalb eigentlich. Jesus war ein einfacher Mensch und gerade deshalb glaubwürdig. Nicht weil er sich wie in einer Realityshow präsentieren musste. Die Wahrheit hat Kraft genug sich zu Wort zu melden. Ist unsere Gesellschaft schon so degeneriert, dass sie es nicht mehr erträgt wenn jemand anders als die anderen denkt? Ich habe immer geglaubt, dass denken nicht verboten ist, aber da kommen mir in meiner Welt manchmal Zweifel auf. Wir sollten doch so etwas Positives ausprobieren und nicht von vornherein ablehnen? Wie gesagt, ich frage ja nur.

Nun, kehren wir zurück zu den Wellen. Wissenschaftler behaupten: «Es gibt keine Materie, nur Wellen. Der Raum bestimmt das Universum». Peng, das sitzt. Da wird uns jahrhunderte lang erzählt von kleinen Punkten im Raum die sich zusammentun und verdichten und die gleichen Empirer sagen jetzt, dass es keine Punkte sondern Wolken und Wellen gibt und dass die Wellen-Struktur die Grundlage unserer materiellen Welt ist. Modern gesagt: «Teilchen sind out - Wellen sind in». Bis zum nächsten Mal?

Quantenwellen verbinden alles im Universum. Der Raum und seine Eigenschaften sind der Ursprung von allem im Universum. Wissenschaftler sagen, dass das bis vor kurzem nicht erkannt wurde, weil dieser Raum ein Quantenraum ist. Wissenschaftler haben sich bis zum Umfallen darum bemüht Teilchen zu finden. Wenn alles aus solchen Teilchen als Grundform besteht, müssten diese irgendwie zusammenklumpen um ein Gebilde zu formieren. Da geht das mit Wellen doch viel eleganter und feiner zu. Kleine Teilchen, wie Sandkörner nur viel kleiner, sind die Dinge nach denen gesucht wurde.

Wenn ich Geld in der Kloschüssel anstatt im Portemonnaie suche, habe ich in den meisten Fällen kein Erfolg, egal wieviele Wissenschaftler suchen helfen. Erst wenn ich am richtigen Ort suche, habe ich die Chance auf Erfolg. Jetzt weiss jeder was eine Kloschüssel und ein Portemonnaie ist, aber niemand wusste von den Wellen und suchten leider am falschen Ort. Gut ich habe gar nicht danach gesucht und nur das geschluckt was uns die Wissenschaft vorgesetzt hat. Ich verzeihe mir meine Dummheit und freue mich jetzt endlich die volle Wahrheit bekommen zu haben, es sei denn.... ja, dass irgend ein schlauer Kopf noch etwas anderes entdeckt und dann muss ich mich wieder belehren lassen und mich für meine weitere Unwissenheit entschuldigen. Die Welt dreht sich eben weiter.

Die Wellen-Struktur der Materie betrifft alle Materie und damit auch alle Teilchen und da steht das kleinste Teilchen, das Elektron, sofort an vorderster Front. Die Felder der Elektronen beherrschen das Universum und sind verantwortlich für die Bindung der meisten Atome, welche die kristalline Materie und die organischen Moleküle des Lebens bilden. Übrigens hat man bereits herausgefunden, dass das Elektron gar nicht das kleinste Teilchen ist. Es gibt auch ein noch kleineres Teilchen, das sogar schwerer ist als das Elektron und dann nicht zu vergessen alle die anderen Winzlinge, die die Wissenschaft entdeckt hat. Wir schreiten vorwärts auf dem Weg der Wahrheit und irgendwo drehen wir uns alle auch im Kreis.

Es brauchte schon einige Arbeit bis einer in der Lage war mit einem Teilchen-Modell die Struktur eines Elektrons dar zu stellen. Man hatte die Teilchen eben als ein Punkt

gedacht, geformt aus Ladung und Masse. Ein Punkt hat aber keine Dimension und deshalb gibt es auch keine Struktur, also es war nichts zu sehen. Schade eigentlich, aber ein Glück für uns, denn wo wären wir sonst?
Ein Elektron ist eine Wellenstruktur und besteht aus zwei konzentrischen, sphärischen Quanten-Wellen. Konzentrisch heisst, dass eine Welle sich nach aussen und eine andere Welle nach innen bewegt. Danach sagt man, dass sie eine stehende Welle bilden. Hier sind auf jeden Fall Masse und Ladung vorhanden. Über Masse zu reden könnte aussehen wie Blasphemie, denn sie sind hundertmilliarden Mal (eine 10 mit 11 Nullen) kleiner als eine Zeichnung von knapp zwei Zentimeter. Jahrelang hat man Atome als um einen Atomkern kreisenden Punkt-Elektronen vorgestellt. Dies weil es mit unserem Planetensystem auch so aussieht. Verständlich, aber diese Theorie wurde vor mehr als sechzig Jahren durch die Quantentheorie widerlegt. Diese Theorie sieht die Elektronen als symmetrische sphärische Wolke um das Proton herum. Und da war es mit den Teilchen endgültig vorbei (nach sechzig Jahren der Konfrontationen). Richard Feynmann schrieb einmal darüber: «Die Natur hat eine versteckte Buchhalterin, die gewissenhaft Bücher von Energie-Ein- und -Ausgang führt, aber wir wissen nicht, wie sie es tut.» Das sagte er nur weil er damals noch an Teilchen glaubte.
Alle unsere Kenntisse über die Naturgesetze basieren auf natürlichen Gesetzen, die das Verhalten von Teilchen beschreiben. Diese sind die Regeln zur Berechnung von Elektrizität, Relativität, Schwerkraft, Quantenmechanik und die Erhaltung von Energie und Impuls. Die Ur-

sprünge dieser Gesetze aber sind bisher unbekannt. Jetzt aber ist die Herkunft der Naturgesetze als ein quantitatives Ergebnis der Wellen-Struktur der Materie erkannt.
Wir Menschen haben meistens mit Neuem grosse Mühe. Wenn wir neue Maschinen in einer Firma bekommen, haben wir Angst unseren Arbeitsplatz zu verlieren. Wenn ein neuer Vorschlag zur Herstellung von Elektromotoren gemacht wird, wird der Sprecher nach Möglichkeit sofort mundtot gemacht. Jeder hat immer Angst um seinen Arbeitsplatz oder um die Dicke seines Portemonnaies. Es gibt immer mehr Ängste dass einer weniger bekommt als der andere. Wir können fast nie entspannt einer Veränderung entgegen sehen und wehren uns mit allen uns zur Verfügung stehenden Mitteln gegen diese Veränderung. Das hat damit zu tun, dass Veränderungen nicht in jede Welt passen oder gewünscht werden. Verständlich, aber meistens fatal. Daraus sind schon Kriege und Ehrenmorde entsprungen. Wer etwas anderes erfindet, wird als Verräter gebrandmarkt und seine Erfindung wird solange unter Verschluss gehalten, bis jeder ihn vergessen hat. Das kann auch über Generationen hinweg gehen.
Wir könnten doch zur Abwechslung einmal probieren einander zu verstehen. Wie können wir unsere Welt mit einer andere harmonisieren. Sagen Sie nur nicht: «Das funktioniert nie.» Viele Paare haben dies schon bewiesen, aber sie mussten zuerst mal richtig zusammen kommen und über die gegenseitigen Wünsche diskutieren.
Diskutieren heisst nicht: «Es müssen bestimmte Dinge passieren und ich weiss genau was, sonst ändert sich nichts.» Dieses Verhalten ist in meiner Welt arrogant und dumm. Warum nicht mal zuhören und heraus zu finden

versuchen wieviel Erfolg die andere Welt (sprich Partner, Partnerin) mit dieser Idee schon gehabt hat. Vielleicht können beide Parteien und alle anderen davon profitieren.

Gehirnwellen sind auch Wellen und scheinen manchmal sehr wichtig zu sein, vorausgesetzt, das Gehirn wird überhaupt gebraucht. Es geht hier nicht darum wieviel, sondern was wir denken. Und da sind wir schon wieder bei den Wellen, denn die Gedanken sind auch Wellen, die sich überall hin verbreiten. Jetzt hat doch tatsächlich die Wissenschaft handfeste Beweise dafür, dass sich Gedanken übertragen lassen. Und wenn wir es fertig bringen viele Personen für die gleiche Sache zu begeistern, entsteht so etwas wie ein Tsunami, denn wenn die kritische Masse erreicht ist, gibt es immer eine Veränderung.

Diese kritische Masse erreichen wir, wenn viele Menschen der gleichen Meinung sind. Früher sagte mir mal ein Fachlehrer, dass ein neuer Gedanke sich ungefähr erst nach fünfzehn Jahren verwirklicht. Das ist ziemlich lange und stimmt nur zum Teil. Es liegt nämlich daran, wie intensiv ich an etwas denke. Damit will ich nicht sagen, dass wir krampfhaft an etwas denken sollen um eine Veränderung herbei zu führen. Nein, gegenwärtig sind immer mehr Menschen der Ansicht, dass wir spielerisch mit unseren Gedanken umgehen sollen. Einen Gedanken in Ruhe und völlig entspannt ausgesendet, oder besser gesagt im freien Raum los gelassen, verbreitet sich nämlich mit Überlichtgeschwindigkeit im ganzen Universum. Hier geht es nicht um Jahre. Die Kunst besteht lediglich darin, sich so zu entspannen und in die innere Ruhe zu kommen, dass sich alles wie von selbst manifestiert.

Wir können auf diese Weise vieles erreichen, was uns jetzt noch als unmöglich erscheint. Wir können eben viel mehr als wir uns selbst zutrauen. Immer wieder kommt der Impuls, dass wir spielerisch mit allem umgehen sollen und das ist nicht immer so einfach wie es scheint, deshalb ziehen wir auch soviele Nieten beim Probieren. Aber wir sollten den Mut nicht aufgeben, denn wir können trotzdem viel mehr. Denken wir mal daran wie schnell Ceausescu aus dem Amt gejagt wurde, obwohl er so ein mächtiger Diktator war. Das konnte doch auch niemand ahnen, dass er plötzlich von einem Gedanken hinweg gefegt wurde. Die Menschen wollten nicht mehr an ihn glauben und entzogen ihm ihre Ängste und fürchteten sich plötzlich nicht mehr und da war er schon entsorgt. Dasselbe könnten die Russen auch mit Putin, diesem Alt-KGB-Offizier, machen. Sie müssten es nur probieren. Wenn die kritische Masse erreicht ist, fliegt er mitsamt seiner ganzen Brut. Eine Welle der Antipathie spühlt ihn dann weg. So werden immer wieder ganze Systeme aus den Angeln gehoben und das nur mit denken, ohne grosse Gewalt.

In meiner Welt hat diese Methode grosses Gewicht. Meine Gedanken sind nicht ich, sondern sie kommen aus dem Nichts herauf, ziehen vorbei und verschwinden wieder. Wenn sie wichtig sind, bleiben sie hängen und kommen immer wieder, bis sie sich verwirklicht haben. Manchmal bin ich dann schon ein sturer Hund um mein Ziel zu erreichen, aber dafür erreiche ich es auch. Als Kind habe ich vier Jahre lang davon geträumt ein Instrument spielen zu können, aber das Geld und die Möglichkeit fehlten. In dieser Zeit beschäftigte ich mich mit der

Musiktheorie, Notenlesen usw. und plötzlich ergab sich eine Möglichkeit an die ich gar nie gedacht hatte, obwohl ich jeden Tag daran vorbei lief. So geht es eben, wenn wir auf unser Ziel fixiert bleiben. Wenn aber alle Menschen andere Gedanken haben und sich nicht auch andere Ansichten anhören und sich damit auseinander setzen wollen, gibt es ein gedankliches Chaos, das sich manifestiert und dann haben wir so richtig den Salat. Genau in dieser Situation stecken wir. In der EU separiert sich Nordeuropa von Südeuropa, die Engländer wollen aussteigen aus Angst ihre vermeintliche Weltmachtposition zu verlieren. Russland wird immer restriktiver und wehrt sich gegen Einflüsse aus anderen Staaten. Der kalte Krieg hat schon längt wieder begonnen (siehe Syrien). China will die Welt beherrschen und deshalb unterbieten sie jeden Preis auf dem Weltmarkt und weil es so intelligente Europäer und Amerikaner gibt denen das Geld scheffeln wichtiger ist als ein fairer Welthandel unter Freunden, wird das Chaos immer grösser, bis die ganze Sache explodiert und die Welt so richtig ins Chaos stürzt und was ist die Ursache davon, nur der Egoismus und die Habgier.

Wie wäre es, wenn wir einmal diese sinnlosen, habgierigen Typen aus ihren Posten wegdenken und sie so entsorgen. Vielleicht lernen sie dann auch, dass es Wichtigeres gibt als Geld an zu häufen auf Kosten der gesamten Menschheit und des Weltfriedens, den wir noch nie hatten. Das gäbe eine prachtvolle Welle die die ganze Welt reinigen und uns neue Perspektiven bringen würde. Reichtum ist nichts Verwerfliches, aber sie auf Kosten anderer zu ergaunern ist das Verwerfliche. Genau diese Welle baut sich nämlich auf. Das Ende der Zeit heisst nur, dass die Zeit des Giers und der Manipulationen dem Ende entgegen sieht. Unsere Gesellschaft braucht neue Systeme und neue Anschauungen. Da sollten wir doch probieren, diese Änderungen zu unterstützen? Sollen doch die Engländer aus der EU aussteigen und bauen wir für jedes Land einen eigenen Globus mit Mauern darum herum, damit ja nichts uns überfremden kann. Im Hause Gottes hat es viele Wohnungen. Vielleicht bekommen da die ganz dummen Ignoranten da nur eine Besenkammer, aber damit lässt sich auch Einiges anstellen, wie die Promigeschichten schon verkündet haben. Wir können uns trennen soviel wir wollen, da alles Eins ist nützt uns die Trennung nichts, denn sie ist nur eine Illusion. In meiner Welt gibt es keinen Gott der bestraft, tötet, Frauen unterdrückt usw., denn warum soll Gott sich selber bestrafen? Er ist nur neugierig und will viele verschiedene Erfahrungen machen und vieles erleben.

Wenn wir genauer hinsehen, regiert unser Ego uns und damit unsere Welt. Dieses Ego glaubt allwissend zu sein, dabei ist es nur ein kleiner Teil von uns, der sich nur wichtiger vorkommt als er ist. Genau deshalb wird die Angst immer grösser und die Menschen werden immer unsicherer. Wir erleben damit Krankheiten, die es eigentlich gar nicht gibt, wie zum Beispiel Burnout. Mir haben schon Menschen gesagt, dass sie an einem Tag mehrere Nervenzusammenbrüche gehabt haben und sie immer wieder von anderen schwarzmagisch angegriffen werden. Diese Vorstellungen behindern den Menschen nur anstatt dass sie zur Erkenntnis und Frieden führen. Das passiert, wenn sich ein Esohysteriker mal wieder in seiner Wortwahl vergreift. Wer so denkt holt sich regelrecht solche

Probleme. Wer dauernd glaubt angegriffen zu werden mit schwarzer Magie, der wird dieses Erlebnis haben, weil er sich dauernd selber angreift und programmiert. Wir «Normalbürger» (wie wir glauben) sagen dann, dass diese Person unter Verfolgungswahn leidet und das ist dann auch wieder krank. Das bedeutet aber nicht, dass diese Ansicht stimmen muss. Vielleicht müssen wir uns da auf andere, wichtigere Gedanken konzentrieren und solch negative Ideen kategorisch ablehnen. Das dürfen und können wir, jedenfalls in meiner Welt.
Ich will niemandem meine Welt aufzwingen, aber ich möchte etwas von meiner Welt zeigen in der Hoffnung, dass jemand davon profitieren kann und mit seinen Problemen wieder etwas vorwärts kommt, ohne Burnout oder so etwas. Und für mich ist es eine Bestätigung, dass jeder Mensch auf dieser Welt wichtig ist. In meiner Welt gibt es eigentlich zwei Hauptrichtungen für unser Denken. Entweder wir denken logisch, pragmatisch, oder wir denken kreativ, schöpferisch. Der logisch denkende Mensch glaubt immer nur Fakten zu sehen und alles andere lehnt er kategorisch ab. Sein Denken beruht auf eigentlichem Konkurrenzdenken und dieses Denken wird meistens von der Angst geleitet. Die Angst ist aber der Motor unseres «niederen» Egos, das dar- aus ableitet, dass es etwas für unsere (sprich seine) Sicherheit tun muss und darum müssen wir das machen was uns das Ego vorgibt als Gegenmassnahme. Auch wenn die Wissenschaft schon längst viele Disziplinen aus der Welt der Geisteswissenschaft anerkennt und bestätigt, dass Gedanken und Worte z.B. auch auf Pflanzen übertragen werden, lächelt der Logiker bedauernd und fragt: «Muss ich jetzt jeden

Morgen mit meinen Pflanzen eine Diskusssion von Stapel lassen wieviel Wasser sie bekommen wollen und ob es mit Dünger versetzt werden muss oder nicht.» Der arme Kerl verrennt sich in seine Vorstellungen ohne zu merken was er da raus lässt und er reagiert wie einer aus dem vorigen Jahrhundert der jedes Computergerät und jeden Fernseher ablehnt, weil es bös ist und die Menschen nur zerstören. Auch diese Personen haben nicht begriffen, dass die Welt sich dreht und vorwärts geht und das sogar ob wir wollen oder nicht.Der kreative schöpferische Denker nimmt alles spielerischer und weiss zuerst mal, dass es etwas in unserem Inneren gibt das Gedanken produziert ohne dass wir etwas dagegen tun können. Wir können allerdings diesen Gedanken Beachtung schenken oder sie vorbei ziehen lassen. Der schöpferische Denker gibt seine Impulse in die Lücke zwischen den Gedanken und setzt sie so frei im ganzen Universum und damit verwirklichen sich diese Gedanken schneller und effektiver als jeder andere Gedanke. Auch das ist ein Schutz für uns, denn sonst könnte sich jeder Gedanke sofort bewahrheiten und das gäbe richtig einige Probleme.

Wenn ich manchmal denke von jemanden «Dem würde ich gerne den Hals umdrehen» und der verwirklicht sich schon weil ich das denke, könnte der Fall eintreten, dass die Welt fast nur aus Gefängnissen besteht und alle lebenslang in Haft bleiben müssen, oder wir wären schon längst ausgerottet. So eine Situation ist auch nicht wünschenswert. Deshalb denke ich das ohne schlechtes Gewissen weiter vereinzelt und vergesse es nachher wieder genau so schnell. Alle Menschen sind eben Kinder Gottes, es gibt nur solche, die es einem schwer machen, das zu glauben. Dazu vergebe ich mir selber für diesen Gedanken, damit alle die Esoteriker zufrieden sind, die befüchten, dass ich mir selber nicht verzeihen kann und mir wieder Karma aufbaue.

In meiner Welt hat das schöpferische Denken Vorrang. Ich glaube daran, dass wir als Schöpfer auf diese Welt gekommen sind und sie uns Untertan machen sollten. Dieses Untertan machen tönt ziemlich antiquiert, aber mein Sprachtalent gab mir keine bessere Deutung, deshalb heisst es eigentlich so, dass wir für unsere Welt sorgen müssen. Es sollte uns am Herzen liegen alles dafür zu tun, dass es der Welt gut geht. Hier geht es nicht um opfern, sondern darum, dass wir der Erde das geben was sie braucht und wir sie nicht einfach ausplündern und uns dann wundern, dass wir in einer Wüste leben müssen, die wir gar nicht gewollt haben. Alles hat einen Wert und wenn wir der Welt etwas nehmen, muss sie etwas von mindestens gleichem Wert dafür zurück bekommen. Erst so gibt uns Mutter Erde mehr als wir brauchen können und wir leben in Frieden und Harmonie, ohne uns dauernd Sorgen machen zu müssen ob wir wohl genug bekommen. Unsere Existentzangst sollte kein Antrieb für Habgier sein. Mit Beobachten und unsere Gedanken verändern erschaffen wir ohne Unterbruch. Mir scheint es aber wichtig an unsere Arbeit zu glauben und nicht von irgendwo etwas zu erwarten als aus unserem inneren Geist. Der sollte genau wissen was wir wollen.

Irgendwo muss eine Denksubstanz sein, die alle Dinge erschafft und sich in den Zwischenräumen unserer Gedanken befindet. Dieser Zwischenraum ist die Ur-Substanz oder das Universum, das alles durchdringt und

ausfüllt. In meiner Welt hat diese Substanz grosse Bedeutung, aber das ist sicher nicht bei jedem der Fall. Eine gescheite Person sagte einmal: «Schaue nicht auf die sichtbaren Vorräte, sondern schaue immer auf die unbegrenzte Substanz und bedenke, dass sie so schnell auf dich zukommt, wie du sie empfangen und nutzen kannst.» Dieser Mensch hat nach meiner Vorstellung sehr viel begriffen. Wir können also ruhig anfangen in Überfluss zu leben, vorausgesetzt dies passt in unsere Welt.
Es ist doch schön, wenn das Bild unserer Wünsche, in Gang gesetzt durch Glauben und Absicht, von der Ur-Substanz aufgenommen und durchdrungen wird bis es im ganzen Universum bekannt ist und verwirklicht wird. Diese Einprägung ist wichtig, denn dadurch wird die Realisierung vorangetrieben. Die Verwirklichung unserer Wünsche sollte damit zu arbeiten beginnen und ein Resultat hervorbringen. So wird alle Kraft für das Erreichen eines Zieles eingesetzt und das zum Nutzen und allgemeiner Harmonisierung. Wenn wir allerdings negative Eindrücke vermitteln, zerstören wir alles Angefangene und erreichen genau das Gegenteil von dem was wir wünschen. Zweifel lenken uns vom wahren Ziel ab und Angst zerstört jede Kontrolle die wir haben könnten. Angst ist ja nur eine Rechtfertigung von unserem niederen Ego, das sich zuviel zumutet und sich damit selbst bestätigen will. In jeder Diskussion ist genau da die Schwierigkeit. Finden wir heraus, ob es unser Ego oder unser Selbst ist. Manchmal sollten wir auch besser in uns hinein hören, damit wir den Unterschied kennen lernen. Ich habe allerdings die Erfahrung gemacht, dass alles was mir mein niederes Ego sagen will so bequem und einfach aussieht.

«Weshalb jetzt etwas tun, wenn du einfach da sitzen kannst ohne dich zu bewegen, oder weshalb mich um dieses Problem kümmern, wenn es einfacher ist alles sein zu lassen und abzuwarten, bis jemand kommt und mir dieses Problem abnimmt.» So kommen Fragen und Denkanstösse, die unsere Bequemlichkeit fördern und damit hat unser Ego dann sein Ziel erreicht. Und dieses Ziel ist meistens nicht wirklich das was wir wollen. Weil wir hier den Unterschied nicht sehen oder sehen wollen versagen wir meistens mit dem Erreichen von Dingen die wir uns wünschen.

Das Universum ist nicht auf Mangel, Angst und Probleme aufgebaut. Angst und Probleme sind menschliche Erfindungen und diese verursachen Mangel und Armut. Immer wieder werden wir von Organisationen wie Religionen zur Armut aufgerufen, aber dieser Weg passt nicht in meine Welt. Für mich ist dies nur ein Alibi um die Menschen abhängig von diesen Organisationen zu machen, damit die Oberen dieser Organisationen ihre Macht weiter ausbauen können auf Kosten ihrer Mitmenschen. Es gibt sogar solche kirchliche Würdenträger. Es ging noch keinen Afrikaner besser wenn ich der Kirche oder einer anderen Religion Geld spendete um Lebensmittel zu verschenken. Wir helfen damit nur einen kurzen Augenblick, vielleicht eine Mahlzeit und damit erinnern wir diese Menschen daran, wie schön es wäre mehr zu haben. Dies bringt rein gar nichts.

Es sagte mal ein gescheiter Kopf: «Du musst den Menschen keine Fische schenken sondern eine Angel und sie lernen selber zu fischen.» Wenn wir es unterlassen diese Menschen durch Billiglohn aus zu beuten und sie lernen

sich selber zu helfen und sich eine menschenwürdige Existenz aufzubauen, erreichen wir viel mehr für diese armen Geschöpfe. Mit einmal Essen bringen erinnern wir sie nur umso mehr an ihr Elend und ihre Armut und deshalb können sie nicht aus diesem Kreislauf aussteigen.
Ich brauche kein schlechtes Gewissen zu haben, wenn es mir gut geht. Wenn wir alle ein Teil Gottes sind und immer mit ihm verbunden, sind wir auf die Erde gekommen um das Glück, den Reichtum und den Erfolg weiter zu geben, damit unsere ganze Umgebung in Harmonie leben kann. Das heisst auch nicht, dass ich mein Geld an Nachbarn und andere mehr oder weniger wichtige Personen verschenken muss, damit es denen gut geht. Ich sollte sie anstecken mit dem Erfolgsvirus indem ich ihnen zeige wie ich zum Erfolg kam oder was unterlassen wurde um erfolgreich zu sein. Und Erfolg heisst auch nicht nur viel Geld haben, da gibt es eine Unmenge an Sachen die es wert sind genutzt zu werden. Es gibt für alle genug auf dieser Welt und wir müssen uns nicht auf Verzicht und Einschränkung einstellen, sondern auf Überfluss. Das Universum ist so unendlich gross und hat uns noch soviel zu schenken. Wir dürfen das alles gebrauchen und einsetzen, und damit brauchen wir unseren Planeten auch nicht sinnlos aus zu beuten und ihm den Dreck zu geben den wir selber produzieren. Das Masshalten ist wichtig und wird gerne mit Verzicht und Opfern gleichgesetzt. Hier liegt in meiner Welt der Denkfehler weshalb es in der gesamten Welt so viele Schwierigkeiten und Hindernisse gibt. Wenn wir schon so verdorben sind, dass wir mit Lebensmitteln spekulieren um noch mehr Geld zusammen zu raffen handeln wir aus Gier und Egoismus

anstatt aus dem Wunsch zur Harmonisierung der Welt. Dieses Verhalten bringt uns immer mehr Elend und Probleme die wir aber gar nicht wollen. Eines Tages werden alle diese Egoisten entmachtet und verlieren alles was sie zusammengerafft haben. Und damit kommt dann eine neue Zeit. Das heisst nicht Weltuntergang, sondern nur einen Weltuntergang der Habgierigen, die ihre Macht und ihr Vermögen verlieren, weil sie es missbraucht und nicht verdient haben. In meiner Welt hat es Reichtum für alle Lebewesen. Diesen Reichtum erhalten wir aber nur, wenn wir respektvoll mit unsere Umwelt umgehen, denn diese ist auch ein Teil von uns. Das bedeutet, dass wir uns um Fairness bemühen sollten und nicht darum wieviele Vorschriften und Gesetze wir machen können um anderen unsere Meinung auf zu zwingen. Akzeptanz und Verständnis für die Welten anderer scheint mir eine wichtige Einstellung.

Meine Welt gilt nur für mich. Aber jeder hat seine eigene Welt und diese Welten sind alle in ein Universum eingebettet, das dieselben Urgesetze für uns alle bereit stellt. Wir müssen eigentlich alle die Geschenke annehmen können die uns gegeben werden, aber wir wollen uns, aus Dummheit und Ignoranz, lieber selber bestrafen mit Armut und Opfer spielen. Jede Minute, die wir verbringen mit Zweifel, Angst, Sorgen, Habgier bringt uns weiter weg von dem was wir wirklich wollen. Aber wir hören es meistens nicht einmal mehr, weil wir uns zuviele Sorgen machen. Die Betonung liegt auf machen. Warum sollte man sich Sorgen machen, obwohl sie von selber kommen? Haben wir noch nicht genug Sorgen? Wollen wir uns noch mehr quälen? Wollen wir uns noch mehr von der Sonne entfernen um danach fest zu stellen, dass wir zu wenig Licht bekommen und in der Finsternis leben? Ich begreife immer mehr, dass Einstein einmal sagte: «Die Menschen sind eine Krankheit der Erde, gesunde Planeten haben keine.» Wir Menschen leben immer nach Glaubenssätzen die wir schon aus der Jugend übernommen haben und täglich kommen neue hinzu. Diese Glaubenssätze trüben unseren Blick und verhindern unseren Erfolg. Unsere Erfolgswelle wird damit gestoppt. Auch diese Welle gibt es seit Anbeginn der Zeit. Immer wieder Wellen die unser Leben regieren. Wer auf der Erfolgswelle reiten will, muss diese erst einmal wahrnehmen, das heisst: «Für wahr nehmen». Wer nicht an seine Glückswelle glaubt muss auch nichts erwarten. Der Glaube ist eben wichtig, denn es schützt unser Denken. Auch wenn dieser Glaube durch die Dinge beeinflusst wird, sollte es deine Aufmerksamkeit herbeiführen und auf die wichtigen Dingen lenken.

Auch mit unserer Gesundheit ist das so. Weil wir in Krankheiten denken, haben wir mehr Krankheiten als je zuvor trotz allen medizinischen Fortschritten. Daran sind nicht die Mediziner schuld. Sie müssen nur unseren Unglauben an unsere Gesundheit ausbaden und uns wieder ein wenig auf die Beine helfen. Ich kenne Personen, die schon bis zu zweiunddreissig Mal operiert wurden und immer noch sagen, dass sie nächstens wieder unters Messer müssen, weil die Probleme nur grösser und nicht kleiner geworden sind. Diese Personen denken die Spirale ihrer Krankheiten immer weiter hinauf und die armen Ärzte müssen dann schauen was da noch zu machen ist. Irgendwann heisst es dann «inoperabel». Das wars, Gott befohlen. Denken wir doch einmal über die Lichtwellen nach. Vorhin habe ich gefragt weshalb wir die Erde von hoch oben als blauen Planeten sehen und tiefer unten als grüner Planet, oder weshalb sieht das Wasser blau aus? Das hat womöglich mit Lichtwellen zu tun. Wenn eine Lichtwelle z.B. 420 bis 460 Nano (1 Nano ist 1 milliardster Meter) hat sehen wir blaues Licht. Diese Welle ist relativ kurz. Wenn die Lichtwelle aber zwischen 600 und 680 Nano ist, sehe ich rot. So hat jedes Lichtpartikelchen seine Wellenlänge und danach sehen wir verschiedenen Farben. Jetzt verstehen wir auch, weshalb es manchmal ein so schönes Abendrot geben kann. Da sind nur die Lichtwellen Verursacher. Ist doch eine grossartige Einrichtung und wenn mein Auge bestimmte Frequenzen nicht wahrnehmen kann, bin ich wahrscheinlich farbenblind. So sehen wir, wie wichtig Wellen sind und begreifen, dass Wellen und Spiralen sehr viel mit einander zu tun haben. Wellen und Spiralen sind die Grundelemente unserer Existenz und aus dem Universum nicht weg zu denken. Klar wir können vieles wegdenken, aber da begeben wir uns in die Spirale der Illusionen. Eigentlich ist dies eine Spirale oder Welle der Ignoranz. Wir wollen einfach nicht wahrhaben was wir für Möglichkeiten haben und was wir uns durch Wünsche erschaffen können. Da ist wieder so etwas aus meiner Welt. Wir können etwas herbei wünschen und erschaffen mit unseren Gedanken. In meiner Welt funktioniert das. Es geht nicht immer leicht und manchmal zweifle ich an Gott und meiner Welt, aber wenn ich stur genug bleibe erreiche ich fast immer alles was ich mir wünsche. Da folge ich einfach den Gesetzen der Quantenfrequenzen die kollidieren und danach eine harmonische Welle hervorbringen. Natürlich kann man sagen: «In deiner Welt scheint vieles möglich zu sein, das mit der Realität nichts gemeinsam hat.» Das verstehe ich durchaus, aber wenn bei mir das funktioniert, ist es dann weniger real als bei dir der nicht an die Möglichkeiten glaubt? Wir haben doch beide recht, bei mir funktioniert es, bei dir nicht, weil du dich weigerst neue Möglichkeiten zu akzeptieren oder zu sehen. Warum kann es nicht einmal anders sein als wir gelernt haben? Warum kann es nicht etwas geben, das bis jetzt nicht in mein Weltbild gepasst hat, nur weil ich gelernt habe misstrauisch allem anderen gegenüber zu sein? Sind wir schon so verbohrt, dass wir nicht mehr bereit sind etwas dazu zu lernen, das uns eventuell ein besseres und erfolgreicheres Leben bescheren könnte? Wie gesagt, ich bin kein Prophet oder Mitglied der Weissen Bruderschaft, die sollen ihren Weg gehen. Meinen Weg gehe ich selber und da zwinge ich niemanden meine Ansichten zu übernehmen. Ich vermittle nur Gedanken aus meiner Welt. Dafür braucht niemand Mitglied einer Gruppe oder eines Vereins zu sein und jeder kann seine eigene Welt beibehalten, oder etwas davon weiter geben. Vielleicht hat es Sachen dabei, die ich auch gerne einsetzen würde, wenn ich sie wüsste. Jeder kann von jedem lernen. In einer meiner Ausbildungen hiess es am Anfang: «Zwei Menschen wissen immer mehr als einer, egal wie dumm der eine ist.» Am Anfang brachte uns das auf die Idee anzunehmen, dass der andere der Dumme war, aber mit der Zeit musste auch ich meine Meinung mehrfach korrigieren. Man ist eben nie zu alt zu lernen und Dummheit kann behandelt werden mit neuem Wissen.

Alles nur Hirngespinnste?

Da stehe ich nun, ich alter Tor und bin so dumm wie je zuvor. Dieser abgewandelte Spruch eines weisen Mannes gibt eigentlich recht gut meine Verfassung wieder. Meine Gedanken haben nicht aufgehört zu kreisen, sondern, sie drehen sich noch intensiver als vorher. Nun ist das auf der anderen Seite gar nicht so schlecht, denn es heisst ja glücklicherweise auch: «Ich denke, also bin ich». Gut zu wissen. Gerade das Denken ist so eine Sache. Es beweist uns, dass wir da sind und leben, aber es sagt nichts aus über das wie und was wir denken. Da schreibt man Zeile um Zeile und denkt dabei seinen letzten Gedanken damit auflösen zu können und dann kommen immer wieder aus dieser geheimnisvolle Quelle weitere Gedanken, ohne unterlass. Ich glaube, dass meine Welt zu 90% aus Gedanken besteht. Ob das gut oder schlecht, über- oder unterdurchschnittlich ist entzieht sich meiner Kenntnis. Ich bin ja auch, wie wir alle, hierher gekommen um zu lernen und zu erfahren und nicht um alles schon zu wissen. Genau hier liegt der Haken, denn in Wahrheit haben wir das Wissen in jeder einzelnen Zelle, nur heran zu kommen ist schwieriger als gemeint, sonst wäre die Welt auch um einiges vernünftiger und einfacher.
Wenn ich so weiter denke und lese, dass das Repräsentantenhaus der USA in 2011 mit 240 zu 184 Stimmen eine Resolution abgelehnt hat in der es hiess, dass der Treibhauseffekt existiert, grösstenteils hausgemacht ist und ein erhebliches Risiko für die öffentliche Gesundheit

und das Wohlergehen der Menschen darstellt, wird mir doch ein wenig schlecht bei diesem Gedanken. Haben diese Repräsentanten, denen das Wohl der Menschen in erster Linie am Herzen liegen sollte, soviel Ignoranz und Skrupellosigkeit, dass denen das Wohl der Menschen unter dem Wohl des Geldes gestellt wird? In meine Welt passt dieses Verhalten wahrlich nicht, denn ich verachte Habgier und Egoismus. Aber trotzdem scheinen die Zuwendungen der Unternehmen bei den Repräsentanten grösseres Gewicht zu haben. Was oder wer repräsentieren sie denn eigentlich? Eigentlich verrückt: «Anders denken und die Welt um uns herum verändert sich, je nachdem ob wir positiv oder negativ denken. Natürlich kommen mir dann immer mehr Gedanken, denn dann frage ich mich: «Ist es möglich, dass sich durch die unterirdischen Atomtests die Erdplatten spalten und oder verschieben? Sind wir dann die Urheber der vielen Erdbeben der letzten Jahrzehnte?» Und wer hatte diesen fatalen Gedanken, mit Co2-Emissionen Handel zu treiben? Da kann ein Land (wie z.B. China) soviel Dreck ausstossen wie es will, weil es von Tonga die nicht verwendete Emissionszulassungen abkauft? Die müssen da überhaupt keinen Umweltschutz betreiben. Sie kaufen einfach die Emissionspapiere und stehen danach als Saubermänner und -frauen da. Welche Rolle spielen wir eigentlich im grossen Spiel des Umweltschutzes? Sind wir da mehr gefragt als allgemein angenommen? Sind wir Opfer oder Täter? Oder sind wir durch unsere Täterschaft Opfer unserer eigenen Fehler? Ich denke ja nur. Was lässt sich noch korrigieren, oder müssen wir von vorne anfangen? Warum fragen sich so wenig Politiker und solche die meinen dass

sie es sind nicht warum? Politische Führung bekommen wir sowieso nicht, denn alle Politiker lassen sich einbinden in Lobbys und da ist die Entschädigung wichtiger als die eigene Meinung und für die Führung bleibt keine Zeit mehr übrig. Da ändern Politiker ihre Meinung wie andere ihre Hemden und das täglich manchmal mehrmals, je nach Bezahlung. Jetzt höre ich schon den Kommentar: «Ja, das ist in Afrika so, aber nicht bei uns.» Da bin ich anderer Meinung. Meine Welt gibt da ein anderes Bild. Ich behaupte, dass es keinen einzigen Politiker gibt, der nicht lobbyiert und es gibt keine einzige Religion, die nicht ihre Mitglieder unterdrückt, weil sie schon gar nicht mehr wissen, was echte göttliche Liebe ist, sonst würden sie sich ja schämen.
Jetzt habe ich noch nicht einmal ein Wort über die Banken gesagt. Meine Gedanken fragen sich: «Wenn der Staat Geld braucht aber nicht der eigentliche Eigentümer ist und er dieses Geld von Banken mieten und dafür auch Zinsen bezahlen muss, was passiert dann, wenn eine Bank ins Trudeln gerät? Er bekommt zusätzlich Geld? Also einschalten die Druckmaschinen und Geld herbei schaffen? Kann da ein Staat Schulden haben, oder werden bei jedem Neudruck die Schulden ansteigen? Weshalb müssen wir dann immer mehr Steuern zahlen, wenn sie es nur drucken müssen?»
Jetzt kommt auch die Bank ins Spiel. Sie muss Rücklagen bilden um überleben zu können. Rücklagen kann man ja nicht antasten, sonst geht die Firma den Bach runter. So eine Rücklage ist auf jeder Million etwa 1000 Franken (Mindestreservesatz). Wieso gibt die Bank weitere Kredite und woher nehmen denn die das Geld? Und das alles mit 1000 Franken? Da macht doch eine Bank immer

mehr Schulden und dabei natürlich auch der Staat. Sie kassiert Steuern von Geld, das gar nicht vorhanden ist und die Bank Zinsen von Geld das ebenso nicht vorhanden ist. Hat das nicht etwas mit Betrug zu tun? Ich kann von meinem Nachbarn auch keinen Zins verlangen dafür, dass er neben mir wohnt. Ich habe damit keinen Wert geschaffen.

Wenn ich so weiter denke, glaube ich, dass es kein Land auf der Welt gibt, das keine Schulden hat, weil wir durch die Zinsen immer mehr zurückzahlen müssen als wir einnehmen. Wir leben alle im Minus und täglich wird es schlimmer. Irgendwann platzt wieder so eine Seifenblase und dann gute Nacht. Das meiste Geld ist ja nur virtuell und mit Sicherheit nicht durch Goldreserven abgedeckt, denn soviel Gold das nötig ist dafür gibt es auf der ganzen Welt nicht. Was machen unsere «Führer» dann? Gibt es dann einen neuen Krieg, damit alles am Boden liegt und wir wieder neu anfangen können, dürfen, müssen? Gab es deshalb immer wieder Kriege? Waren die gewollt um die Menschen von der Wahrheit ab zu lenken? In meiner Welt misstraue ich solchen Praktiken. Dieses System kann nicht erfolgreich zum Nutzen aller funktionieren. Habe ich aber nicht gelernt, dass wir alles zum Wohle des Ganzen machen sollten? Was machen wir denn mit solchen Betrügern? Eigentlich müssten wir denen die Gefolgschaft entziehen und einmal ehrlicher mit einander umgehen. Die meisten Menschen glauben, dass die da oben schon alles richtig machen und wir nichts verstehen, aber ist es so schwierig zu sehen, dass wir immer mehr Zinsen zurückzahlen müssen und immer mehr und dreister betrogen werden? Und stimmt es, dass wir keine Ah-

nung haben? Wer sagte einmal: «Geld fliesst in die Schwarzen Löcher des Finanzsystems». Schwarze Löcher saugen aber auch alle Energie aus der Umgebung. Da saugt ein Schwarzes Loch einfach seine Umgebung aus und die Umgebung kann nichts dagegen machen. Sind schwarze Löcher etwa Banker oder Politiker? Es sieht schon ein wenig so aus. Und was sagte Thomas Jefferson (USA-Präsident von 1801-1809): «Eine private Zentralbank, die Zahlungsmittel ausgibt ist für die Freiheiten der Menschen eine grössere Gefahr als eine stehende Armee.» Wieso sagt das ein Präsident? War der auch misstrauisch? Das sieht alles erschütternd aus. Wie kommt der Mensch aus so einer Sache heil wieder heraus? Zum Glück scheint dies nur in meiner Welt so zu sein, oder stimmt es doch, dass die grosse (schweigende) Mehrheit eine ähnliche Welt wahrnimmt?
Unzufriedenheit ist eine grosse Gefahr. Das haben wir auch schon vergessen. In meiner Welt sieht es so aus: Wenn ich unzufrieden bin, baut sich eine negative Energie auf. Da aber die Schöpfung auf Ausgleich ausgerichtet ist, muss diese negative Energie ausgeglichen werden. Da setzen bei mir die Nivellierungskräfte ein, diese sorgen für Ausgleich. Da muss ich kämpfen gegen den vermeintlichen Untergang. Und Kämpfe verursachen Kriege. Und Kriege zerstören. Und wenn dann alles am Boden liegt, haben wir weniger Menschen, damit ist dann die Überfremdung gelöst und die Menschen haben wieder viel Arbeit mit dem Neuaufbau. Für diesen Neuaufbau brauchen wir Geld das wir nicht haben, deshalb nehmen wir Bankkredite auf und was wir zurückzahlen müssen mit den Zinsen ist wieder höher als was wir aufgenom-

men haben und damit haben wir wieder neue Schulden und der Staat hat noch die grösseren, weil er noch viel mehr reparieren muss als der einzelne Bürger. Damit überschuldet sich der Staat wieder und wir überschulden uns und dann sind wir wieder da wo wir vorher waren bevor wir einen Krieg vom Zaun brachen. Jetzt fängt das Spiel demnach wieder von vorne an.

Irgendetwas sagt mir, dass dieser Weg nicht der richtige ist. Wenn Wirtschaftswachstum Wohlstand erzeugen soll, müssen zuerst die anfallenden Zinsen abgezogen werden. Was dann übrig bleibt, ist Wachstum. Demnach muss die Wachstumsrate höher als der Zinssatz sein, sonst geht die Sache nicht auf. Wann aber ist das Wachstum höher als der Zinssatz? Wenn Griechenland seine sechs Prozent Zinsen zahlen muss, müsste es eine Wachstumsrate von etwa zwölf Prozent erwirtschaften um allen etwas mehr Wohlstand zu bringen, aber immer noch ohne Schulden abzubauen. Wer hier profitiert sind wieder einmal die Banken und die verlangen financielle Unterstützung vom Staat (Steuerzahler) um am Leben zu bleiben? Da stimmt doch etwas nicht? In meiner Welt ist so eine Bank dabei sich selber aufzulösen und das sogar zum Wohle der Steuerzahler. So eine Bank braucht meine Welt nicht und sie braucht auch keine Politiker, die für solche Banken Lobyieren. Manchmal denke ich in meiner Welt ob Banken überhaupt noch Sinn machen, denn wo bekommt man noch einen Gewinn? Ich verstehe schon, für solche Mitbürger habe ich eine völlig idiotische Welt. Ich setze mich dafür ein den Banken keine Zinsen mehr zu zahlen, die Politiker auf mehr als die Hälfte zu reduzieren und sie verbieten Lobbyisten zu sein. Der Bürger sollten sie vertreten und keine gierigen Unternehmer. Auch sollen die Banken keine Parteien mehr unterstützen dürfen und die Politiker sollten jedes Jahr Rechenschaft für ihr Tun ablegen müssen. Der Arbeitssklave muss ja auch mindestens jedes Jahr sich vom Boss beurteilen lassen was ich auch verwerflich finde, aber das macht man eben bei Arbeitssklaven. Allein in den Lebenshaltungskosten liegen schon 40% versteckte Zinsen verborgen. Die Mehrwertsteuer bezahlt auch der Bürger usw. Zinsen so weit das Auge reicht und die Empfänger erschaffen keine Werte sondern kassieren nur. In meiner Welt sind das Schmarotzer. Wie sagte Goethe einmal: «Niemand ist hoffnungsloser versklavt als jene die fälschlicherweise glauben frei zu sein.» Der Staat hat da ein gutes Gegenmittel gefunden, behauptet er. Er privatisiert. Privatisieren heisst Geld sparen für den Staat, stimmt's? Mit nichten. Die Leistungen werden kleiner, die Preise steigen und wegen der Investitionen steigen auch die Zinsen, die offenen und versteckten. Wussten Sie, dass privatisieren aus dem lateinischen Wort Privare stammt was berauben heisst? Was sich alles dahinter versteckt. Wer privatisiert beraubt sich selbst die Möglichkeit preisdämpfend zu wirken und die Preise kontrollieren zu können. Nur wenn es solchen Firmen schlecht geht, muss der Staat, sprich Steuerzahler, dafür gerade stehen und fleissig bezahlen. Da will dann niemand etwas von Sparen wissen und wir bezahlen fleissig, dass die armen Millionäre weiterhin auf ihr schwer «verdientes» Geld sitzen können. Wenn ich das alles in meiner Welt so wahrnehme, kann ich schon ein wenig depressiv werden. Der Lohn wird gekürzt, die AHV-Empfänger bekommen weniger, der muss sparen, sagt sie, aber der Staat gibt jedes Jahr mehr Geld aus an Zinsen und anderen Unfug zugunsten von Banken die behaupten fast pleite zu sein. Über die Boni der Schmarotzergilde habe ich da noch nicht einmal nachgedacht. Warum soll ich nur an Negatives denken. Die Welt hat soviel Positives zu bieten, aber sehen wir das überhaupt noch? Werden wir nicht vorwiegend programmiert mit dem Satz: «Die Welt ist schlecht?» Zum Teil hat sie sicher grosse Defizite und die müssen geändert werden, denn sie sind unser Untergang. In meiner Welt sehe ich das für mich ziemlich logisch. Was passiert, wenn wir immer nur mit Macht und Gewalt auf Dinge reagieren, die uns nicht passen? Ich glaube, dass wir in meiner Welt mit dieser Methode eine Überschussenergie produzieren und diese muss dann wieder abgebaut werden. Aus den Erfahrungen in meiner Welt ist es egal ob wir gut oder böse sind, solange die Energie im Gleichgewicht ist. Das tönt fürchterlich, aber es sieht schlimmer aus als es ist. Dem Universum ist es egal ob etwas gut oder schlecht ist. Es hat nur die Aufgabe ein Zuviel an einer bestimmten Energie wieder ins Gleichgewicht zu bringen. Daher sagt man auch: «Das Böse bestraft sich selber.» Das ist auch logisch, denn durch das Böse mit viel Druck und Kraft einzusetzen, ohne auf andere Rücksicht zu nehmen, schafft zuviel Energie und diese wird dann vom Universum wieder ausgeglichen. Dieses Gleichgewichtsprinzip wirkt sich auch aus, wenn wir Rücksicht nehmen. Rücksicht bedeutet für mich: «Sehe einmal rückwärts um nach zu schauen, ob du mit deinem Verhalten jemanden verletzt oder unterdrückt hast.» Sollte dies nämlich der Fall sein, kann ich diese Energieüberproduktion selber korrigieren zum Wohle aller und dann braucht das Universum sich nicht mehr darum zu kümmern. Die Bezeichnungen Gut und Böse sind menschliche Ausdrücke, die für jeden etwas anderes bedeuten. Das ist wahrscheinlich auch der Grund, weshalb das Universum sich nicht um solche Ausdrücke kümmern kann, denn jeder sagt ihm etwas anderes.

Das sagt mir, dass wir probieren sollten in Harmonie mit allem um uns herum zu leben, egal ob dies Menschen, Tiere, Pflanzen oder Gegenstände sind. Alles ist eins und deshalb braucht alles Harmonie. Eine falsche Vorstellung? Kann sein, aber für meine Welt stimmt das und damit muss niemand einverstanden sein, aber vielleicht hilft es beim Weiterdenken. Mein Gott ist auch keine Person, sondern wir alle sind ein Teil von ihm und deshalb immer mit ihm verbunden. Wenn ich jetzt etwas, nach unserer Vorstellung, falsch mache und Gott bestraft mich dafür, beweise ich damit eigentlich, dass Gott nicht vollkommen ist und er sich selber für Fehler bestraft. Aber er hat nur unseren Vorstellungen nicht entsprochen, auch wenn ich davon überzeugt bin Fehler begangen zu haben. Wenn wir demnach selber oder andere bestrafen, begehen wir einen Fehler. Das heisst aber nicht, dass wir alles durchgehen lassen müssen und Mörder und andere Leute laufen lassen sollen, denn durch ihre Verurteilung helfen wir nur das Gleichgewicht wieder her zu stellen.

Leider leben aber die Religionen dieser Erde immer noch damit Druck auszuüben auf die «Untertanen». Nach den Kirchenfürsten haben die Menschen nichts zu sagen und sind nur Manipulationsmasse, oder wie ein Bundestagsabgeordneter der CDU in Deutschland sagte «Wohlstandsmüll» und das für alle Menschen über 58 Jahre.

Unsere Welt ist nur krank und die verschiedenen Welten der einzelnen Wesen wollen einfach nicht in Harmonie kommen, aber wir müssen, denn sonst wird das Universum das Gleichgewicht wieder herstellen.

Eigentlich sind die Menschen nach meiner Welt vorwiegend Etikettenkleber. Alles wird etikettiert. Jeder Mensch wird beurteilt, verurteilt, klassifiziert, bemessen und begutachtet bis ins Unglaubliche und dabei haben wir immer noch nicht den idealen Menschen gefunden. Der ideale Mensch ist für mich nicht eine Miss Schweiz, Miss World, oder Miss oder Mister Universe. Solche Betitelungen sind nur Lachnummern.

Der Bodymassindex wurde auch nicht von Gott geschaffen, sondern von Menschen die anderen vorschreiben wollen wie schwer und/oder wie dünn sie sein müssen um erfolgreich Model zu sein oder zu werden. Es ist einfach lächerlich und wenn die armen Missen usw. kein Engagement mehr bekommen, sind sie plötzlich Sänger, oder Sängerin, und vor allem Moderatorin oder Moderator. Wo sie das sind ist nicht so wichtig, das können sie sogar in einem billigen Nachtklub auf «Malle» sein, Hauptsache man tut wichtig, denn man will wer sein. Was dann dabei heraus kommt sind öfters drogenabhängige, alkoholisierte, überforderte Fehlproduktionen der menschlichen Rasse, nur weil sie jeden Mist glauben der ihnen vorgesetzt wurde. Mit ihren Hungerdiäten müssen sie nur so abnehmen, um für die Modeindustrie Stoff zu sparen bei den Kleidern, die zu einem total überhöhten Preis verkauft werden. Da ist die Gier die Triebfeder und nicht das Wohl der Menschen.Und dafür müssen sie sich in Shows von mehr als bedenklichem Niveau geistig und

seelisch und körperlich entblössen, nur um aufzufallen und zu gefallen. Sie sind die Zeroträgerinnen und -träger. Zero heisst aber Null, oder? Das jemand diesen Unsinn mitmacht passt nicht in meine Welt, weil der Mensch eigentlich als Teil einer grossartigen Schöpfung mehr Wert hat. Was sind wir aber uns selber wert? Diese überflüssigen Wichtigtuer stehlen nur die Persönlichkeit einiger Menschen um sie besser manipulieren zu können. Aber die Menschen schlafen weiter und träumen von grossen Karrieren einer armseligen Spezies die soviel Geld wie möglich zusammenraffen will. Und schon sind wir beim Thema Geld angelangt. Und da frage ich in meine Welt hinein: «Ist Geld das Ziel, oder gibt es ein anderes Ziel?» Wenn ich ein Ziel habe, zum Beispiel ein eigenes Geschäft aufzubauen und ich sage mir täglich, dass ich das nötige Geld dafür nicht habe und dies zuerst kommen muss bevor ich an die Ausarbeitung meines Zieles Geschäft gehe, kann ich sehr lange warten, mich ärgern und in Rage arbeiten, aber ich werde keinen Heller verdienen um das Geschäft aufzubauen.
Eigentlich ist das ja logisch, denn ich bin sozusagen vom Weg abgekommen, ich will ja nur Geld und weil ich da viel zu viel Energie investiere, bekommt mein eigentliches Ziel keine Energie und erlischt wie eine Kerze. Und weil das Geld eigentlich nur als Ziel vorgeschoben wurde, funktioniert auch das nicht, weil ich auf das falsche Pferd gesetzt habe. Damit kommt auch kein Geld und schon vom Anfang an ist der Misserfolg vorprogrammiert. Das sieht alles sehr düster aus und es ist Schade, dass niemand auf die Idee kommt seine wirklichen Pläne hervor zu holen, sich neue Ziele zu setzen und konsequent damit

beginnen diese Pläne zu verwirklichen. Wenn alles richtig aufgereiht ist und wir beharrlich daran weiter machen, ohne Überdruck zu produzieren, kommt manchmal aus einer Ecke von der wir gar nichts wussten das nötige Geld oder die nötigen Möglichkeiten ein Ziel zu erreichen.
Wie gesagt in meiner Welt ist das so. Wenn der Leser eher glaubt mit Druck und aller Gewalt sein Ziel erreichen zu können ist mir das recht. Jeder soll nach seiner Façon selig werden, aber ich frage mich trotzdem: «Weshalb soll ich mir mehr Mühe und Schwierigkeiten aufladen und eine Pleite nach der anderen erleben, wenn ich alles einfacher haben kann.» Wie schreibt die Bibel so schön: «Ihr müsst Glauben an Gott haben. Amen, das sage ich euch: Wenn jemand zu diesem Berg sagt: Hebe dich empor und stürz dich ins Meer, und wenn er in seinem Herzen nicht zweifelt, sondern glaubt, dass geschieht was er sagt, dann wird es geschehen. Darum sage ich euch: Alles, worum ihr betet und bittet - glaubt nur, dass ihr es schon erhalten habt, dann wird es euch zuteil (Markus 11, 22-24).» Das war echt kein Jux als das geschrieben wurde. Es vermittelt uns nur, dass wir alle Möglichkeiten haben um Wunder zu wirken, aber wenn wir nicht einmal an uns selber glauben, wie sollen wir dann unser unendlich grosses Potenzial ausschöpfen? Es ist doch traurig, wenn wir nur 10% von unserem wahren Wissen einsetzen und glauben grosse Hirsche zu sein, obwohl wir mit dieser Haltung nur arme Schweine sind. Natürlich kann ich mit Geld vieles erreichen und Geld ist nichts Schlimmes. Geld ist Energie und fliesst, oder besser gesagt, es sollte fliessen. Wenn ich auf Geld sitze, kann ich sonst nichts damit machen und dann nützen mir die grössten Millionen nichts.

es auch etwas Positives zu erreichen. Der russische Heiler Grigori Grabovoi sagt uns immer, dass wir alles tun sollten zur Rettung und Harmonisierung der Welt. Das ist doch ein schöner Anfang für den Rest meines Lebens, oder? So ist auch meine Welt in Harmonie mit allen diesen anderen Welten die es gibt. Was für eine grandiose Vorstellung.Mir scheint es wichtig, dass wir uns von allen Schuldvorstellungen befreien und uns immer mehr freuen über die Möglichkeiten die uns gegeben sind. Wir brauchen uns im Stillen nicht schuldig zu fühlen, wenn wir mehr Geld bekommen als andere. Wer vernünftig mit Geld umgeht und dafür sorgt, dass es fliesst und sich nicht staut, der hat nicht zu befürchten, dass er etwas falsch macht und da sind dann Schuldgefühle auch nicht am Platz, sondern sorgen nur für neuen Ärger.
Alles zeigt uns in die Richtung, dass wir nicht gegen das Gleichgewicht verstossen sollten. Das Gleichgewicht ist die wichtigste Aufgabe des Universums, denn sonst könnte es nicht existieren. Wir haben die Aufgabe uns um das Gleichgewicht zu kümmern. Tun wir das, Leben wir in Harmonie und die Welt schenkt uns nur Freude, Erfolg, Schönheit und Liebe. Verstossen wir dagegen, bringen wir das Gleichgewicht durcheinander, tritt dieses Gesetz in Kraft und sorgt wieder für Gleichgewicht und da kann es uns dann ordentlich durchschütteln. Alles fängt im Kleinen an, sowohl das Gute wie das Schlechte. Wir brauchen da keine Sätze von: «Ohne Fleiss kein Preis»; diese Sätze sind Manipulationen von anderen und machen einen Menschen nicht besser. Wer das behauptet, der sollten wir mit grossem Misstrauen begegnen.
Wir alle streben nach Vollkommenheit, das ist in Ordnung und richtig, aber wir werden sicher nie vollkommen

Erst wenn ich es mit Verstand einsetze bringt es Erleichterung im Leben.
Unser Leben besteht aus unendlichen Möglichkeiten von Lebenslinien. Es gibt da Linien die uns glücklich, reich, fröhlich, verliebt, gesund, stark und erfolgreich machen. Aber es gibt auch Lebenslinien die uns unglücklich, habgierig, boshaft, brutal, unehrlich, faul oder unzufrieden machen. Manchmal geraten wir aus irgendwelchen Gründen auf negative Lebenslinien. Wir können uns dann bedauern und heruntermachen, oder wir können diese Lebenslinie willentlich verlassen und eine andere Lebenslinie auswählen. Denken wir mal an den Satz den Catherine Ponder in ihrem Buch «Die Heilungsgeheimnisse der Jahrrhunderte» empfahl die folgenden Worte zu sprechen: «Ich habe den festen Glauben, dass ich jetzt auf eine fortschreitende Aufwärtsentwicklung in meinem Leben eingestimmt bin. Über mich steht das Zeichen des Erfolgs.»
Wenn ich in etwas hinein gerate in dem ich mich nicht wohl fühle sage ich mir bewusst: «Das ist nicht meine Lebenslinie, ich lehne das ab», und dann kehre ich zu meinem Alltag zurück und ignoriere dieses alte Muster. Ich steige um auf einen für mich besseren Weg. Und hören wir auf jeden Tag uns für Dinge zu vergeben die wir anderen angetan haben sollen. Wir sollten dagegen weniger Selbstschuld auf uns laden indem wir uns nicht jeden Tag schlecht machen und dafür die Lebenslinie der Schuldzuweisungen verlassen. Ich bin frei und achte andere Menschen als Kinder Gottes. Leider gibt es solche die einem diesen Glauben verdammt schwer machen mit ihrem Verhalten, aber mit ein bischen Glück schaffen sie

auf dem Buckel eines anderen. Hier ist ein feiner Unterschied vorhanden. Vollkommenheit können wir uns nicht aufschwätzen oder aufdrängen lassen und erst recht nicht von verblendeten Extremisten oder andere Fehlgeleitete. Spiritualität strebt immer nach Harmonie mit dem Göttlichen, Religionen streben nur nach Macht.
Auch meine Welt ist nicht vollkommen, aber spannend und bringt mir immer wieder neue Überraschungen. Meine Welt verbietet es Oberrichter oder unantastbarer Meister zu sein, glücklicherweise. Jeder Mensch kann so leben wie er will. Meine Welt ist nur meine Welt und nur ich lebe darin nach meinen Vorstellungen. Aber es scheint mir nicht unwichtig sich zwischendurch einmal eine andere Welt an zu sehen. Vielleicht hat diese andere Welt Ideen, die sehr gut auch zu meiner Welt passen und da wäre es doch schade, wenn ich diese Chance zur Verbesserung meiner Welt und zur besseren Harmonisierung zu einer anderen Welt nicht nutzen würde.
Jetzt stelle ich mir selber am Schluss noch einigen Fragen. Wenn es stimmt, dass wir alles Wissen in unseren einzelnen Lichtkörpern gespeichert haben, wäre es dann vermessen anzunehmen, dass wir auch in der Lage sind alle die geistigen Helfer und Engel und Geistführer und wie sie alle genannt werden, nur in unsere Vorstellung zu projizieren? Es ist doch auffallend, dass ein Katholik nur Maria sieht, wenn er eine «Erscheinung» hat. Ich habe noch nie gehört, dass sie einem Juden oder Moslem erschienen ist. Bei den Moslems erscheint wahrscheinlich Mohammed, bei den Hindus Krischna usw. Das ist in Ordnung so, denn was uns erscheint ist dann eine Manifestation von unserer eigenen Vorstellung oder Wunsch.

Die geistigen Energien oder Wesen zeigen sich uns nur, wie wir sie uns vorstellen können um uns das Glauben an die Schöpfermöglichkeiten einfacher zu machen. Damit will ich nicht gesagt haben, dass es diese Wesen nicht gibt. Ich persönlich glaube daran, dass es sie gibt, aber eben als Teile vom Ganzen, die sich uns in den von uns vorgestellten Gestalten präsentieren. Ein Christ würde völlig aus dem Gleichgewicht geraten, wenn er plötzlich mit Mohammed sprechen müsste, weil er ihm erscheinen würde. Unser Glaube und unser Urvertrauen sind da wichtig und damit sollten wir arbeiten. Alle Menschen die schon mal eine Erscheinung erlebt haben, haben sich vorher, manchmal jahrelang, mit diesem Wesen oder das Thema dieses Wesens betreffend auseinander gesetzt. Da wäre es doch nur logisch, wenn wir die Erscheinung erleben würden, die wir uns wünschen und damit wird dann wieder bestätigt, dass der Mensch bekommt was er denkt oder sich wünscht. Dass die Wunscherfüllung manchmal anders läuft als wir uns vorstellen hat wahrscheinlich damit zu tun.

Wir gehören alle zusammen, ob wir das nun akzeptieren oder nicht. Diese These ist bereits mehrfach wissenschaftlich bewiesen. Es ist auch bewiesen, dass wir damit machen können was wir wollen. Und wenn mich jemand fragt warum Gott ihn straft, kann ich nur antworten: «Gott straft nicht, das besorgen wir selber und zwar sehr effektiv.» Irgendwann braucht es vielleicht gar keine Religionen mehr und sind wir spirituell. Dieses Wort ist verpönt, weil es sogenannte Esoteriker missbraucht haben um ihr eigenes Süppchen zu kochen, aber wahre Spiritualität ist kein fauler Zauber, sondern die sinnvollste Pflege unseres

Geistes. Wir wissen dann plötzlich, dass alle Unterschiede auf dieser Welt von uns selber verursacht wurden. Und wenn wir etwas angefangen haben, könnten wir damit eigentlich genau so gut aufhören und wieder zur Einheit werden. Damit sind alle Diktatoren und Terroristen und politische oder sonstige Wichtigtuer überflüssig. Wir leben dann in Einheit und Zufriedenheit und haben damit wahrscheinlich unser verlorenes Paradies wieder gefunden.

In diesem Sinne hoffe ich, dass Sie, verehrter Leser oder Leserin etwas aus meiner Welt zu Ihren Gunsten gebrauchen können. Es würde mich sehr freuen. Und ich hoffe hiermit auch einigen Lesern einen kleinen Denkanstoss gegeben zu haben. Wenn das stimmt habe ich ein kleines Teilchen zur Harmonisierung und Rettung der Welt beigetragen. Eben dieser Flügelschlag des winzigen Schmettelings der an einem entfernten Ort einen Orkan auslösen kann. Ein richtiger Sturm reinigt nämlich die Luft die wir atmen. Ich wünsche allen Leserinnen und Leser eine harmonische eigene Welt.

P.S.: Da kommt mir noch von Georg Huber eine Botschaft in die Finger, die ich niemandem vorenthalten möchte. Auch da, einfach lesen und wirken lassen: «Du mein geliebtes Seelenkind. Ich sehe dich dort sitzen und weinen, weil du so voller Leid bist und keinen Ausweg siehst. Du bittest mich darum, dir zu helfen. Doch wie könnte ich das tun? Wie kann ich dir etwas geben, was du bereits hast? Ich wünsche, du könntest dich sehen, wie ich dich sehe. Nur einmal. Dein Leuchten, deine Stärke,

deine Kraft, die da sind ständig in dir. Wie könntest du nur einen Moment etwas Geringeres sein , als ICH BIN? Wie könntest du nur einen Moment in deinem Leben von mir getrennt sein, wo ich doch da bin, IN DIR.»
Hier steht nur ein Teil der ganzen Botschaft, aber für mich ist es der wichtigste Teil. Lassen wir das mal auf uns wirken, vielleicht lernen wir uns selber besser kennen.

Viel Erfolg, Glück, Licht, Liebe und Leben. H.